Entrevista de trabajo

¿Pueden estos errores costarle el trabajo?

© **Derechos de autor 2019**

Todos los derechos reservados. Este libro no puede ser reproducido de ninguna forma sin el permiso escrito del autor. Críticos pueden mencionar pasajes breves durante las revisiones.

Descargo: Esta publicación no puede ser reproducida ni transmitida de ninguna manera por ningún medio, mecánico o electrónico, incluyendo fotocopiado o grabación, o por cualquier sistema de almacenamiento o recuperación, o compartido por correo electrónico sin el permiso escrito del editor.

Aunque se han realizado todos los intentos por verificar la información proporcionada en esta publicación, ni el autor ni el editor asumen responsabilidades por errores, omisiones o interpretaciones contrarias con respecto al tema tratado aquí.

Este libro es solo para fines de entretenimiento. Las opiniones expresadas son sólo del autor y no deben tomarse como instrucciones de expertos. El lector es responsable de sus propias acciones.

La adherencia a todas las leyes y normativas aplicables, incluidas las leyes internacionales, federales, estatales y locales que rigen las licencias profesionales, las prácticas comerciales, la publicidad y todos los demás aspectos de la actividad comercial en EE. UU., Canadá, Reino Unido o cualquier otra jurisdicción es responsabilidad exclusiva del comprador o lector

Ni el autor ni el editor asumen responsabilidad alguna en nombre del comprador o lector de estos materiales. Cualquier parecido con cualquier individuo u organización es pura coincidencia.

Tabla de contenido

INTRODUCCIÓN 1
¿QUÉ QUIEREN LOS EMPLEADORES? 3
POR QUÉ LOS ERRORES PUEDEN COSTARLE EL TRABAJO 12
ERRORES COMUNES QUE SE COMETEN AL SOLICITAR UN TRABAJO 19
ERRORES COMUNES QUE SE COMETEN ANTES DE LA ENTREVISTA 35
ERRORES COMUNES COMETIDOS DURANTE LA ENTREVISTA 57
MALAS ENTREVISTAS 73
BUENAS ENTREVISTAS 78
LISTA DE COMPROBACIÓN DE LA ENTREVISTA DE TRABAJO 98
CONCLUSIÓN 102

Introducción

Es bastante seguro que todos, en algún momento, tendrán que enfrentarse a una entrevista de trabajo. Ya sea que esté buscando su primer trabajo después de la graduación, buscando nuevas oportunidades o volviendo al trabajo después de tomarse un tiempo libre, tendrá que ir a una entrevista. El paso más importante para conseguir un trabajo es la entrevista. Puede que lo noten con un currículo increíble, pero la impresión que haga durante la entrevista es lo que asegurará que consiga el trabajo.

No hay tal cosa como estar demasiado preparado para una entrevista. Esto incluye investigar la compañía para ensayar las respuestas que puede dar, a la entrevista donde la práctica es extremadamente importante. Ya sea que tenga experiencia o no, las entrevistas son una de las cosas más estresantes que jamás hará, y pueden evitar que personas muy calificadas consigan el trabajo.

Hay diferentes partes del proceso de la entrevista, y cada una es tan importante como la otra. Esto incluye la ropa que use, las cosas que diga y lo que hace una vez que termina. Este libro está aquí para ayudarle a responder todas las preguntas que pueda tener cuando se trata de prepararse para una entrevista de trabajo. Al estudiar la información de este libro, obtendrá la confianza necesaria para completar el proceso de la entrevista.

Este libro lo llevará a través de cada parte del proceso de la entrevista, antes, durante y después. También le proporcionará información vital sobre lo que buscan los empleadores y por qué los simples errores le costarán el trabajo.

Este libro lo guiará a través de los errores más comunes cometidos al solicitar un trabajo. Esto podría ser errores en su currículo o cómo responde a las preguntas de la solicitud. Debe asegurarse de obtener la entrevista para que pueda brillar.

Luego, analizaremos los errores cometidos antes de ingresar a su entrevista. Esto significa que los ha impresionado con su solicitud y ha recibido la llamada para una entrevista. Ahora llega el momento de prepararse para la entrevista real. Esto incluirá cómo se viste y cómo se prepara para la entrevista.

Luego, analizaremos algunos de los errores comunes que se cometen durante la entrevista. Estas son probablemente las cosas más importantes para prepararse. Aprenderá que hablar mal de su empleador anterior, no importa cuán malo sea, es un gran error, entre otras cosas.

Para concluir, veremos ejemplos de entrevistas buenas y malas para que pueda comenzar a ver lo que debe y no debe hacer. Si tiene experiencia en entrevistas, puede comenzar a notar cosas que ha estado haciendo que le han costado el trabajo que deseaba.

Por último, para asegurarse de estar siempre preparado para una entrevista de trabajo, encontrará una lista de comprobación para la entrevista de trabajo al final del libro. Esto lo ayudará a asegurarse de haber hecho todo lo posible para causar la mejor primera impresión.

Siguiendo los consejos e ideas que se encuentran en estas páginas, podrá mejorar sus probabilidades de conseguir su próximo trabajo e impresionar al panel de entrevistas. Este libro lo ayudará a conseguir el éxito.

¿Qué quieren los empleadores?

Una de las cosas principales que la gente quiere saber antes de entrar a una entrevista es lo que busca un empleador o lo que quiere. La respuesta natural y simple es: líderes que pueden trabajar bien como parte de un equipo.

En 2016, la Asociación Nacional de Universidades y Empleadores (NACE) publicó una encuesta en *Job Outlook* y más del 80% de los que respondieron dijeron que los empleadores buscan la presencia de habilidades de liderazgo en el currículo de una persona. Casi todas estas personas también buscan candidatos que puedan trabajar en un equipo.

Dentro de la misma encuesta, los empleadores también dijeron que una fuerte ética de trabajo, habilidades para resolver problemas y habilidades de comunicación escrita son esenciales para un empleado potencial. Los empleadores dan más peso a las habilidades de comunicación verbal que las habilidades cuantitativas o analíticas.

Si bien los gerentes de contratación analizan su especialidad académica, GPA y actividades extracurriculares, los roles de liderazgo pueden ayudarlo a destacarse entre los demás candidatos.

Como dijo Richard Branson, *"Contratar a las personas adecuadas lleva tiempo, las preguntas correctas y una buena dosis de curiosidad. ¿Cuál crees que es el factor más importante al construir tu equipo? Para nosotros, es la personalidad".*

Mientras esté en una entrevista, el entrevistador quiere conocerlo. Su currículo les ha dicho todo lo que necesitan saber sobre sus habilidades laborales, historial laboral y educación. Tendrá que responder preguntas basadas en esta información, pero para eliminarlas, debe hablar más allá de lo que figura en su currículo.

Cada compañía tiene su propio proceso de "acercamiento a la entrevista". Algunos le harán la misma pregunta a todos, mientras que otros tienen un enfoque más abierto, permitiendo que la conversación fluya naturalmente. Hay algunas cosas, como solicitante, que puede hacer para destacarse entre la competencia. Estas son las cosas que los empleadores buscan ver:

Comprender a la empresa

"Nunca contratar a alguien que sabe menos que usted acerca de lo que está contratado para hacer." – Malcolm Forbes

El entrevistador querrá saber que está familiarizado con la empresa. Antes de enviar su currículo, debería haber investigado a la empresa para averiguar qué hacen, cómo está estructurada, dónde opera y otros datos. Esta información es útil durante la entrevista para que pueda mostrarles que tiene las habilidades y el conocimiento necesarios para el trabajo. No quieren escuchar respuestas genéricas a sus preguntas, en su lugar, adapte su respuesta para mostrarles cómo manejaría las necesidades específicas de la empresa.

Usted se lo pierde

Dado que el entrevistador está buscando contratar a alguien que tenga sus habilidades, y el proceso de contratación de personas toma su tiempo y los aleja de sus tareas habituales, generalmente entran en la entrevista con el deseo de ofrecerle el trabajo a usted. Lo que debe asegurarse de no proporcionarles una razón para cambiar de opinión.

Muestre éxito

"Si cree que es costoso contratar a un profesional, espere hasta contratar a un aficionado".– Red Adair

Siempre que demuestre al entrevistador que puede trabajar bien con otros, asegúrese de "tocar su propia bocina". Quieren saber sobre su éxito, especialmente aquellos relacionados con el puesto para el que está siendo entrevistado. Para facilitar su vida, asegúrese de venir preparado con algunas historias sobre las cosas que ha logrado.

¿Estás respondiendo las preguntas?

Si bien prepararse para la entrevista es excelente, y debe pasar algún tiempo estudiando los tipos de preguntas que deba responder cuando se trata de la entrevista, debe escuchar. Escuche lo que le preguntan y responda esas preguntas. No querrá responder la pregunta con una respuesta práctica que no tenga nada que ver con lo que preguntaron.

Asegúrese de escuchar sus preguntas completas y de darles una respuesta natural. Si se permite avanzar y comenzar a pensar en cómo va a responder mientras todavía están hablando, eso los molestará. Confíe en que puede encontrar sus propias palabras. Quiere ser conversacional. Esto lo ayudará a conectarse con ellos.

Ellos quieren agradarle

"No contrates a nadie con quien no quieras encontrarte en el pasillo a las tres de la mañana"– Tina Fey

Como saben que tienes las habilidades que necesitan y quieren contratarte, ¿qué quieren obtener de la entrevista? Honestamente, están buscando ver si les agradas y si encajarás bien en su equipo. Una vez que haya sido contratado, usted será una persona a la que verán y con quien hablarán todos los días. Es importante que lo conozcan porque van a pasar mucho tiempo con usted.

Si les parece otro del montón con sus respuestas, no los impresionará. Si intenta hacer que sus respuestas sean demasiado perfectas, no van a saber quién es, esto probablemente también los molestará. Asegúrese de ser amigable y agradable. Sea conversador en lugar de decir respuestas ensayadas. Construya una buena relación con ellos.

El lenguaje corporal

¿Está sentado derecho? Estar relajado es algo bueno, pero no lo es encorvarse. Debe estar sentado derecho, luciendo profesional, pero también natural. Además, tome nota de cualquier inquietud o movimientos corporales erráticos que pueda hacer. Cosas como hacer clic en un bolígrafo, tocarse las uñas o golpear con el dedo pueden distraer a su entrevistador de lo que está diciendo.

Asegúrese de agregar también una sonrisa cálida mientras habla, pero manténgala natural. Tener una sonrisa completamente loca no lo ayudará a conseguir el trabajo a menos que esté solicitando ser una cara sonriente. Además, solo porque está nervioso, no piense que eso es negativo. Los entrevistadores esperan que esté un poco nervioso. Haga su mejor esfuerzo para practicar un poco antes, sea usted mismo durante la entrevista y asegúrese de hacer contacto visual. Lo más probable es que esto lo ayude a relajarse lo suficiente como para ser usted mismo, y eso es todo lo que desea.

Su aspecto es importante

La forma en que se ve cuando entra a la entrevista afecta la posibilidad de obtener el trabajo o no. Si está vestido de manera informal, es probable que no sea profesional o que no sea lo suficientemente serio sobre el trabajo. Si el gerente de contratación o la empresa tienen problemas específicos con vello facial extraño, tatuajes visibles o perforaciones múltiples, estos también podrían costarle el puesto. Si aparenta estar nervioso y sudoroso, pueden pensar que no está preparado para el trabajo.

Vista bien, vaya con ropa que sea un poco más agradable de lo que usaría en su día a día en el trabajo. Asegúrese de presentarse un poco antes para que pueda llegar a tiempo y estar tranquilo y seguro.

Contacto visual

Esto es extremadamente importante, y lo único que los candidatos de trabajo encuentran difícil. El entrevistador quiere que los mire a los ojos cuando usted habla y cuando hacen preguntas. Si sus ojos miran constantemente alrededor de la habitación, puede parecer incómodo, aburrido o mentiroso. No haga parecer que quiere un concurso de miradas, pero el contacto visual normal durante el intercambio puede ayudar a crear una conexión.

¿Es usted Real?

Ya sea que haya encontrado las respuestas o esté respondiendo espontáneamente o le esté contando la historia real o lo que cree que quiere escuchar, el entrevistador quiere que esté 100% familiarizado con lo bien que está en el puesto. Use sus respuestas veraces para crear una imagen de la mejor coincidencia posible. Con demasiada frecuencia, los candidatos solo comparten la parte de su historia que creen que el entrevistador quiere escuchar. Esto lo hace parecer falso.

Conozca sus debilidades

"Contrate una actitud, no solo experiencia y calificación"– Greg Savage

Los entrevistadores no quieren escuchar cosas como "mi mayor debilidad es que trabajo demasiado". Eso no es una debilidad y nadie es perfecto. Los entrevistadores lo saben y quieren encontrar personas que puedan aprender de sus defectos y que hayan descubierto cómo solucionarlos. Asegúrese de saber cómo hablar sobre dos o tres debilidades reales y cómo puede superarlas.

Sea emprendedor

Si bien quieren asegurarse de que puede trabajar bien con los demás, también quieren saber que no va a sentarse y jugar con sus pulgares esperando que le digan qué hacer. Buscarán pistas con las que pueda trabajar de forma independiente, respetando al mismo tiempo a los compañeros de trabajo y la estructura de gestión de la empresa.

Flexibilidad y adaptabilidad

A los empleadores les gusta hacer preguntas de comportamiento, donde los entrevistadores le preguntarán cómo manejó ciertas situaciones en el pasado, para ver cómo son sus habilidades a la hora de adaptarse a nuevas situaciones con éxito y facilidad. Si tiene historias de trabajo que muestran que puede resolver problemas rápidamente, les mostrará que es una persona que puede estar a la altura de las circunstancias.

Expectativas razonables

El empleador no solo está buscando ver si va a encajar bien, sino que también quiere saber que el trabajo es adecuado para usted. Tener un empleado infeliz no ayudará a nadie, y el gerente de contratación no querrá tener que pasar por el proceso de contratación nuevamente poco después de haberlo contratado.

Si bien la mayoría de los empleadores quieren que esté interesado en crecer vertical y horizontalmente dentro de la empresa, es importante que les demuestre que sabe cuál es su lugar dentro de la empre y cual no lo es. Quieren saber qué tan rápido espera avanzar y asegurarse de que las expectativas sean razonables.

Respeto a la gerencia

El gerente de contratación quiere a alguien que se ajuste a la empresa y respete la gestión, así como la cultura y la misión de la empresa. Si responde con historias sobre cómo es más inteligente que la administración y siempre salva el día, no estará muy bien. Incluso si la administración en su última posición fue terrible, siempre comparta historias de una manera que lo haga parecer capaz e ingenioso, sin despreciar a los demás.

Personalidad de alto mantenimiento

"Contrata al personaje. Entrena la Habilidad. – Peter Schultz

Algunos candidatos entran con una queja escrita en toda su cara por no poder traer a sus padres o tener que esperar demasiado. O bien, enviaron correos electrónicos y llamaron todos los días antes de la entrevista haciendo preguntas. Estas no son buenas señales.

Durante la entrevista, la forma en que una persona comparte una historia mostrará si espera mucho de los demás, de mala manera, y ve las cosas desde su punto de vista y el de nadie más. La compañía quiere a alguien dispuesto a ayudar y ayudar cuando sea necesario.

Solucionador de problemas

"Recientemente, me preguntaron si iba a despedir a un empleado que cometió un error que le costó a la compañía 600.000$. No, respondí, acabo de gastar 600.000$ en entrenarlo. ¿Por qué querría que alguien contratara su experiencia?"– Thomas John Watson Sr.

Los gerentes adoran los solucionadores de problemas. Por supuesto, desea demostrar que espera hasta que haya reunido todos los hechos y asegurarse de que haya un problema que deba resolverse. Algunas personas entran en una entrevista con planes sobre cómo arreglar un negocio, con la certeza de que estas ideas les ayudarán a conseguir el trabajo. Tener historias sobre cómo solucionó problemas en puestos anteriores es algo bueno. Entrar en la entrevista para tratar de arreglar una empresa para la que no trabaja no es bueno.

No se precipite demasiado

Si bien a los empleadores les gustan los candidatos que están entusiasmados con el puesto, puede terminar siendo demasiado entusiasta. Ser demasiado entusiasta puede hacerlo parecer demasiado necesitado, y esto lo hace quedar mal. Esto reducirá sus posibilidades de ser contratado. Por ejemplo, si actualmente está trabajando en otro lugar y les dice que puede comenzar de inmediato, esto podría perjudicar sus posibilidades de conseguir el trabajo. Esto les muestra que está dispuesto a hacer una salida no profesional de su trabajo actual al irse sin previo aviso. El entrevistador comenzará a preguntar si usted es la persona adecuada para su equipo.

Si bien es una buena idea enviar un agradecimiento después de una entrevista, hacer un seguimiento excesivo puede perjudicar sus posibilidades. Enviarles un correo electrónico o llamarlos varias veces para verificar el estado solo hará que parezca desesperado y se ponga nervioso.

¿Posee las habilidades?

Debería haber revisado la descripción del trabajo mucho antes de su entrevista, y debería haber encontrado ejemplos de las habilidades que posee y que coinciden con lo que ellos quieren. Algunas compañías tienen pruebas o entrevistas individuales para verificar estas cosas, así que asegúrese de estar listo. Si hay algo que quieren que no haya hecho en mucho tiempo, asegúrese de repasarlo antes de la entrevista.

Haga preguntas

"Cuando contratas personas que son más inteligentes que tú, demuestras que eres más inteligente que ellos" – RH Grant

Una entrevista de trabajo no es una calle de un solo sentido. El entrevistador quiere ver que usted está interesado en aprender sobre ellos. Esto demuestra que le importa el trabajo que hace y para quién trabaja, en lugar de tomar cualquier cosa que pueda conseguir. Hacerles preguntas asegura que las personas, el puesto y la compañía se ajusten bien a lo que usted quiere.

Asegúrese de ir a la entrevista con tres o cinco preguntas listas para hacerlas cuando tenga la oportunidad. Algunas preguntas que puede hacerle al entrevistador son:

- ¿Qué recursos o apoyo del personal tendré para alcanzar las metas del departamento?
- ¿Cuáles son las principales prioridades que este puesto debe cumplir en los próximos seis meses?

- ¿Cómo es la cultura aquí?
- En el último año, ¿cuál ha sido el mayor desafío del puesto?
- ¿Qué hizo que esta posición se abriera?

Estas preguntas muestran al entrevistador que desea tener éxito, y aprecian cuando muestra este tipo de interés.

Por qué los errores pueden costarle el trabajo

Las entrevistas son un momento importante donde asegurarse de que brille, pero también son importantes para la empresa. Tomar la decisión equivocada de un empleado puede traer resultados devastadores. Es por eso que un simple error puede costarle el trabajo. Para ayudarlo a comprender por qué el proceso de entrevista es tan importante, vamos a ver lo que le cuesta a una empresa cuando contrata a la persona equivocada.

Las personas que contrata una empresa son el factor más importante cuando se trata del éxito y el crecimiento que experimentará la empresa. Los empleados no solo son las personas que tratan con los clientes regularmente, sino que también son partes esenciales de la maquinaria cuando se trata de proporcionar los servicios necesarios y entregar productos. Cuando una empresa no tiene un equipo central de empleados efectivos y de calidad, es imposible

Durante el proceso de contratación, no se trata de encontrar a esa persona que puede ocupar el puesto de inmediato, como una persona que puede no cumplir con todos los requisitos. Es importante que dediquen los recursos y el tiempo necesario para ocupar el puesto con alguien que se dedique a crear éxito a largo plazo para la empresa. Los empleados son el activo más valioso e importante para una empresa. Sin empleados, la empresa dejará de existir porque ningún negocio va a operar con éxito y eficiencia.

Todos los contratados por una empresa aportan algo único, y es importante que los empleadores busquen personas que tengan las mejores cualidades. No solo terminan perdiendo el tiempo sin tomar la mejor decisión durante el proceso de contratación, sino que también pierden muchos recursos financieros en esa equivocación.

Según algunas estimaciones, puede costar más de un cuarto de millón de dólares encontrar y contratar a alguien. Si termina siendo la persona equivocada para el papel, agregue a esto el costo que la mala contratación tiene sobre sus colegas y gerentes, más una gran cantidad de otros costos si tienen que ser reemplazados.

Si bien la mayoría de las empresas saben que primero deben tomar la mejor decisión, muchas de ellas no utilizan los recursos que deberían para evitar este problema. Una mala contratación tiene un efecto dominó entre todos los miembros de la empresa y la calidad de los servicios.

La mayoría de las empresas, en algún momento, contrataron a una persona que terminó por no encajar bien. RR.HH. puede hacer muchas cosas diferentes para asegurarse de que no pierdan el tiempo reclutando, entrevistando y ofreciendo trabajo a la persona equivocada.

El costo de la persona equivocada

Según Jorgen Sundberg, CEO de Link Humans, el costo de reclutar, contratar y capacitar a nuevos empleados puede ser de hasta 240.000$. Si esa persona resulta ser una mala opción, hay costos adicionales en los que incurre la empresa, y el menor de ellos es tener que encontrar su reemplazo. Brandon Hall Group descubrió varias variables que pueden desempeñar un papel en el cálculo del costo de reemplazar a las personas mal contratadas. Éstos incluyen:

- Tasas de litigio

- Marca del empleador debilitada
- Servicios de recolocación
- Pérdida de los consumidores
- Interrupciones a proyectos que no se han terminado.
- Impacto negativo en el rendimiento.
- Tarifas de capacitación y reubicación para reemplazos
- Tiempo de personal y tarifas de publicidad para reclutamiento

Los efectos de un mal reclutamiento

Cuando el reclutamiento se realiza mal, hay muchos impactos negativos que una empresa puede sufrir. Aquí hay algunos:

- *Un mal candidato puede reducir futuras solicitudes de empleo:* cuando hay una mala experiencia del candidato, puede desilusionar a los candidatos. Esta desilusión puede hacer que una empresa pierda la oportunidad de contratar a futuras personas. El 42% de las personas que respondieron a una encuesta de CareerBuilder dijeron que decidieron nunca volver a buscar empleo en una empresa después de una mala experiencia de contratación. El 22% de las personas también dijeron que tampoco recomendarían a sus colegas o amigos al negocio. También hace que sea menos probable que la empresa obtenga solicitudes de empleo de personas que han leído las críticas negativas en las cuentas de redes sociales por parte de aquellos empleados o candidatos desilusionados.

- *Los costos adicionales que están relacionados con el reemplazo de las contrataciones fallidas:* estas contrataciones erróneas se cancelarán prematuramente o se dejarán ir. Además de todos los costos de reemplazo de reclutamiento obvios o los costos que resultan de que el gerente de contratación tenga que pasar más tiempo reclutando en lugar de lo que es su trabajo regular, el costo de ingresos más importante proviene de no tener productividad en el puesto durante el día hábil mientras está vacante Si esta posición vacante es una posición generadora de ingresos, los ingresos que podría haber obtenido durante esos días vacantes no se pueden reemplazar. E incluso si no es una posición generadora de ingresos, la vacante significa que todos los demás empleados estarán más estresados porque tendrán que trabajar más para llenar este vacío. Para empeorar las cosas, si el reclutamiento termina tomando mucho tiempo para cubrir el puesto, el costo de este lugar abierto aumentará dramáticamente.

- *Una mala contratación puede reducir el poder de la marca del producto de la compañía:* en muchas empresas, es difícil separar la marca del empleador y la marca del producto. Por ejemplo, Google y Apple son uno y dos en producto y marca del empleador. Con esta interconexión de los dos, si la marca del empleador se daña, también lo hace la marca del producto. Entonces, si la marca del empleador se ve afectada al contratar a una persona con inexperiencia o debido a un proceso de contratación cuestionable, puede terminar dañando la marca del producto y las ventas que podría generar. Estas relaciones entre las marcas crecen cada día a medida que los sitios de redes sociales, como Glassdoor, continúan creciendo. Es sencillo para las personas y los clientes conocer una experiencia negativa de un empleado o candidato, y luego la usan para cambiar sus decisiones de compra y búsqueda de empleo. Es una locura, pero cualquier función que pueda dañar indirectamente la marca del producto de una empresa garantizará un presupuesto más bajo y un tiempo difícil en la corporación.

- *Menor productividad:* cuando una empresa tiene una marca de empleador débil, provocará contrataciones de menor calidad en cada puesto que se ocupe. Esto se demuestra a través de los datos de la Junta Ejecutiva Corporativa porque muestran que con una marca de empleador fuerte, la calidad de sus contrataciones aumentará en un 9%. Un proceso de reclutamiento débil que constantemente contrata a personas poco calificadas va a reducir la productividad, especialmente del empleado. Por ejemplo, una oferta de contratación funciona un 10% por debajo del promedio, multiplique el 10% por el ingreso promedio por empleado, y esto mostrará el costo estimado de contratar a una sola persona que trabaja por debajo del promedio. Si Apple contratara a un empleado por debajo del promedio, les costaría 240.000$ en ingresos.

- *Disminución de los ingresos en puestos que tienen un impacto en los ingresos:* cuando se contrata a personas con un desempeño por debajo del promedio en trabajos importantes de generación de ingresos y ventas, puede resultar en una gran reducción de los ingresos. También hay impactos negativos en los ingresos en varios otros trabajos afectados por los ingresos, como el servicio al cliente y el desarrollo de productos, como resultado del mal desempeño debido a las contrataciones por debajo del promedio en estos roles. Una mala contratación causará menos innovación cuando se trata de productos y un mal servicio al cliente una vez que se haya realizado una venta.

- *Menos ventas de productos:* cuando hay una mala experiencia de contratación, frustra y molesta a otros candidatos. Una gran parte de estos candidatos desilusionados contraatacarán al no comprar los productos minoristas de la compañía. Debido a esta desilusión, las ventas de productos de la compañía costarán un 23% a los candidatos que, si hubieran tenido una experiencia positiva, habrían sido más propensos a comprarles servicios o productos. También les costará ventas del 9% de los amigos y colegas del candidato que instan a no comprar a la compañía. Esto significa que es crucial para la empresa averiguar si las personas que están entrevistando son clientes actuales y luego asegurarse de que la empresa responda si deciden no seguir adelante con ellos.

¿Por qué sigue sucediendo esto?

Si es tan lento y costoso contratar a la persona equivocada, ¿por qué sigue sucediendo esto?

CareerBuilder cree que una razón por la cual las empresas contratan a la persona equivocada es que se apresuran a ocupar un puesto vacante. Realizaron una encuesta en 2012 preguntando por qué las empresas hacen malas contrataciones y descubrieron que el 43% hizo una mala contratación cuando sintieron que tenían que elegir a alguien rápidamente.

Esta urgencia se puede crear de muchas maneras diferentes. Esto incluye: un papel importante en la empresa que necesita atención urgente, un proyecto puede necesitar un nuevo talento, un empleado importante se ha ido repentinamente o el personal actual puede estar demasiado extendido. Los gerentes de contratación a menudo se sienten ansiosos por poner a una persona en un lugar vacante que a menudo pasan por alto los defectos de un candidato y terminan contratando a una persona que no satisface las necesidades de la empresa.

El 22% de los encuestados de la encuesta CareerBuilder sintió que carecían de las habilidades necesarias para contratar y entrevistar personas. Cuando se trata de contratar a la persona equivocada, no se debe culpar a la persona contratada, en su lugar, es la persona que hizo la contratación la que tomó la decisión equivocada. Los gerentes de contratación deben saber qué buscar durante el proceso de contratación.

¿Qué se necesita para contratar a la persona adecuada?

El primer paso para contratar a la persona adecuada es asegurarse de que la empresa tenga el tipo correcto de persona que lidere el proceso de contratación y que esté bien informado de lo que necesita el negocio. Hablar con los ejecutivos y el gerente de contratación sobre las necesidades del negocio puede ayudar a garantizar que se tome una mejor decisión.

Es por eso que la mayoría de las empresas tienen un proceso de entrevista estandarizado. Esto les proporciona las herramientas y preguntas para ayudarlos a evaluar a los candidatos. Las entrevistas entre pares y las entrevistas de comportamiento ayudan a contratar gerentes para determinar si una persona sería una buena opción para la empresa. Este proceso funciona igual para cada persona que ha solicitado un trabajo en la empresa. Los encargados del proceso de contratación están capacitados para detectar cualquier señal de alerta durante el proceso de la entrevista.

El proceso está destinado a ayudar a las personas a relajarse antes de hacerles preguntas que son redactadas de tal manera que el entrevistador pueda aprender más sobre la persona.

Casi una décima parte de los encuestados dijeron que sus malas contrataciones no funcionaron porque no entendían completamente la cultura o la marca de la empresa. Es por eso que es importante que una empresa se asegure de tener una marca clara, y el posible empleado debe investigar mucho para obtener más información sobre la empresa.

Errores comunes que se cometen al solicitar un trabajo

Antes de obtener una entrevista de trabajo, debe solicitar el trabajo. Si esto no se hace con éxito, entonces nunca podrá destacarse frente al gerente de contratación y convencerlo de que lo contrate.

Si bien el objetivo final para todos es conseguir un trabajo, la forma en que todos aborden esto variará, y existen varias preguntas cuando se trata de estrategia. Por ejemplo, ¿va a navegar por los listados en línea o va a usar un periódico? ¿Está planeando llamar a las personas que conoce dentro de un campo específico para ayudarlo a encontrar posibles clientes potenciales o va a tratar de encontrar cosas por su cuenta? ¿Qué papel desempeñarán las redes sociales como LinkedIn?

La parte más difícil de encontrar un trabajo es descubrir qué es lo que quiere hacer. Tener un título en un campo en particular o trabajar varios años en una industria determinada no debería limitar todas sus opciones. No es raro que una persona tenga cinco o más carreras diferentes durante su vida. Puede parecer un cliché, pero todos los días de su vida aprenderá algo nuevo sobre sus gustos y disgustos, fortalezas y debilidades.

Cuando está eligiendo una carrera o cambiando una, hay dos preguntas en las que debe pensar.

Primero, si bien cierto trabajo o industria puede parecer atractivo, ¿está usted preparado para hacer lo que se requiere día tras día? Tiene que preguntarse si va a querer cumplir con todas las demandas del trabajo o si cree que es algo que impresionará a sus amigos.

Segundo, ¿está usted listo para vivir la vida que requiere el trabajo? Por ejemplo, si bien ser asistente personal de una celebridad puede sonar como el trabajo de sus sueños, ¿está dispuesto a estar a su entera disposición todo el día? ¿Será capaz de resistir los comentarios despreciativos y una posible personalidad difícil? Los trabajos bien remunerados o de alto perfil no le darán mucho tiempo libre. Si no está familiarizado con los deberes principales de un puesto, trate de hablar con alguien más que esté en el campo o con un consejero de carrera para que pueda aprender lo más posible. Debe investigar mucho sobre el trabajo, lo que requiere y sobre la empresa antes de aceptarlo. Lo que cree que podría ser un trabajo soñado podría terminar siendo una pesadilla.

La planificación profesional es una ciencia en sí misma, y no debería sentirse cohibido de pedir ayuda a los profesionales cuando se trata de averiguar a dónde ir después. Si todavía está en la universidad, probablemente hay muchos de estos profesionales en la oficina de planificación profesional de su escuela. Si está familiarizado con la fuerza laboral, hay muchos centros de planificación profesional en su comunidad. Investigue un poco y programe una cita para reunirse con uno de ellos. Algunos planificadores profesionales trabajan virtualmente, lo que le permitirá conectarse con planificadores que no están en su área.

Las pruebas de carreras

Si no está seguro de lo que quiere hacer, las pruebas de carrera son una excelente manera de aprender más sobre las posibilidades y preferencias de su carrera. La mayoría de las pruebas están disponibles a través de asociaciones comerciales, de la industria y están disponibles en línea. Muchas de estas asociaciones publican revistas que le proporcionarán información sobre una carrera en particular. Puede ser una buena idea tomarse un tiempo para investigar un trabajo más.

Si no tiene tiempo para reunirse con un profesional, hay sitios en línea que pueden ayudarlo a investigar tipos de carreras que podrían funcionar para usted. Algunas personas consideran que las pruebas de carrera son estúpidas o una pérdida de tiempo, pero pueden ser útiles. Dado que es cierto que un profesional de carrera, un formulario prefabricado o una computadora no lo conocen mejor de lo que usted se conoce, no debe confiar únicamente en lo que le dicen estas cosas. Sin embargo, trate de mantener una mente abierta, si hay algo que la prueba dice que podría ser una buena idea en la que nunca había pensado, tómese unos minutos para leerlo. Nunca se sabe, puede ser la carrera de sus sueños.

Los empleadores a veces también usan pruebas de carrera como parte del proceso de evaluación, y puede ser útil si ya está familiarizado con algunas de las pruebas más comunes utilizadas. Éstos incluyen:

- CAPS - Prueba de nivel de habilidad profesional

CAPS es una prueba cronometrada. Es posible que no le diga si las respuestas fueron correctas o incorrectas, pero le da una indicación de cómo calificó en ocho áreas de uso del lenguaje, razonamiento verbal, relaciones espaciales y razonamiento mecánico.

- MBTI - Indicador Myers Brigs

El uso del MBTI ha comenzado a popularizarse para determinar si un candidato encajará en la cultura de una empresa. MBTI mide la personalidad de una persona en cuatro áreas: juzgar/percibir, sensorial/intuitivo, racional/emocional, y extrovertido / introvertido.

- SII - Inventario de interés sólidos

El SII mide los intereses de una persona en función de sus respuestas sobre diferentes actividades que se dividen en seis categorías: realista, emprendedor, artístico, convencional, de investigación y social. La SDS, o búsqueda auto dirigida, es similar a SII. Se centra en las mismas áreas, pero es una prueba más corta.

Los reclutadores y los consejeros

Los reclutadores y los consejeros se han vuelto muy populares entre los solicitantes de empleo en los últimos años. Con el creciente número de solicitantes, los consejeros efectivos y experimentados se han convertido en importantes corredores de empleadores y puestos. Los reclutadores y los concejeros no solo pueden ayudar a una persona a ahorrar tiempo trabajando en el proceso de selección de trabajos y solicitantes, sino que también pueden ofrecer asesoramiento profesional a los solicitantes para que puedan encontrar lo que están buscando y ayudarlos a venderse de manera más efectiva.

Ahora, puede que se pregunte cuál es la diferencia entre un reclutador y un consejero. ¿Conoce esos anuncios en las páginas web? Fueron puestos allí por los reclutadores. Estos reclutadores podrían ser un empleado de la empresa que está buscando contratar a alguien, o son un tercero que ha sido contratado por la empresa. Si se trata de lo último, probablemente haya una tarifa involucrada, pero generalmente la paga la empresa que busca contratar.

Si se dirige a un asesor o a un consejero profesional, usted se hará cargo de los costos que se requieran, a menos que sea un servicio de reubicación que ofrece su antiguo empleador o universidad. Los consejeros profesionales no lo ayudan a encontrar un trabajo, en cambio, lo ayudan a determinar el tipo de trabajo que debe buscar. Si el mercado laboral lo confunde, un consejero profesional está allí para ayudarlo a aclarar sus objetivos profesionales y enfocarlo en la mejor dirección. Debe tener cuidado con el tipo de contrato que firma. Algunos consejeros insisten en que se les pague primero, y sus honorarios pueden ser de hasta 2.000$ a 15.000$. Desea encontrar un consejero que tenga credenciales de consejero de carrera certificado, licencia estatal y cargos por hora. Una excelente manera de encontrar un consejero es visitar ncda.org.

Los siguientes son algunos consejos útiles cuando se trata de trabajar con consejeros y reclutadores:

- Responda a cualquier consulta realizada por los consejeros o los reclutadores si se comunican con usted, incluso si no tiene interés en el puesto. Esto lo pondrá en su radar y querrá estar allí para causar una buena impresión porque podría haber otra posición que se abra en el futuro que usted realmente desee.

- Manténgase en contacto con ellos para establecer una buena relación y mantenerse en mente cuando surjan nuevos trabajos.

- Sea directo sobre sus objetivos y expectativas laborales. Esto incluye las cosas que le interesan y lo que no.

- No toque dos veces. Si ya ha estado en contacto con un reclutador para un puesto determinado y luego otro se pone en contacto con usted, sea sincero con ellos acerca de su otra relación.

- No dude en informarles a los asesores y reclutadores que quiere lo que habla y que toda su información se mantendrá confidencial. Si bien la mayoría de ellos funcionan automáticamente de esta manera, es mejor decir algo para asegurarse de que ambos estén en la misma página.

Técnicas para buscar trabajo

Hay muchas maneras diferentes de tratar de encontrar un trabajo. Algunos de ellos son:

- Envío de currículos a empleadores que no hayan sido solicitados, también conocido como el método de contacto directo.

- Llamar a un contacto personal, también conocido como redes. Puede preguntar a otros profesionales cómo terminaron obteniendo su puesto actual, y habrá algunos que dirán que obtuvieron su trabajo a través de un contacto comercial, un familiar o un amigo. No importa cuál sea su profesión, es probable que ya conozca a alguien en el sitio o al menos alguien que conozca a alguien. De cualquier manera, debería poder localizar a alguien en el sitio que pueda ayudarlo. Incluso si no pueden ofrecerle un trabajo, pueden orientarlo en la dirección correcta. Hacer conexiones es una excelente manera de ingresar a un nuevo campo profesional y avanzar en su carrera.

Si no ha podido localizar a alguien que pueda ayudar, hay muchas otras formas de hacer contactos. Intente encontrar organizaciones locales que se especialicen en lo que hace y asista a sus reuniones. También puede comunicarse con la asociación de antiguos alumnos de su universidad y ver si puede encontrar otro graduado que esté en ese campo. También puede conectarse en línea e interactuar con otros profesionales en las bolsas de trabajo. Si bien es posible que no reciba ofertas de inmediato, no se sorprenda si termina recibiendo noticias de algunos de estos contactos más adelante sobre nuevas oportunidades.

- Obtener ayuda de una empresa de servicios de empleo o reclutador. Si no tiene tiempo para examinar detenidamente los clasificados, revisar activamente las ofertas de trabajo o imprimir un currículo y cartas de presentación, los servicios de empleo pueden ayudarlo. Ya sea que desee un trabajo de contratación directa o un trabajo temporal, hay muchas firmas de personal para ayudar a atender lo que necesita el buscador de trabajo, ya sea ejecutivo o de nivel de entrada.

Pero, ¿qué hacen exactamente? Hacen lo que sea que usted quiera que hagan. Pueden estar especializados en lo que hacen, o en general. Pueden ofrecer un servicio específico que ayuda a un pequeño grupo de personas que buscan trabajo, o pueden proporcionar una gran cantidad de servicios para ayudar a una gran cantidad de personas.

Si desea que una empresa de colocación de personal lo ayude, no elija una a ciegas. La Asociación Nacional de Servicios de Personal y la Asociación Americana de Personal son dos excelentes opciones que mantendrán las prácticas comerciales éticas. Sin embargo, requieren una membrecía.

- Responder un anuncio donde solicitan ayuda. Al ver las palabras "Se busca ayuda" probablemente le hace pensar en las páginas clasificadas en un periódico, ese no es el único lugar para encontrar anuncios de ayuda. Con la tecnología, ahora hay literalmente miles de sitios web que son para quienes buscan trabajo. Puede acceder a millones de ofertas de trabajo de todo el mundo con solo un par de clics. Las organizaciones profesionales y comerciales son un lugar perfecto para obtener información sobre trabajos específicos de la profesión. Las revistas son un excelente lugar para buscar listados de trabajo, a los que también se puede acceder en línea.

Errores de currículos

Ahora que ha pasado por el proceso de tratar de encontrar un trabajo para postularse, lo siguiente que debe hacer es obtener una entrevista creando un currículo que llame la atención.

Su currículo es lo que los empleadores leen para conocer sus habilidades y decidir si quieren gastar el tiempo y la energía para llevarlo a una entrevista. Es por eso que debe asegurarse de que su currículo tenga la mayor cantidad de detalles e información posible, sin exceder el límite de una página. Otra función del currículo es ser atractivo y llamar la mayor atención posible. La única forma de obtener una oferta de trabajo es hacerse notar. Muy pocas personas aún envían currículos impresos a través del correo de los Estados Unidos. En cambio, este proceso está siendo reemplazado por técnicas de reclutamiento en línea, que en ocasiones le darán la oportunidad de adjuntar un archivo. En algunos otros casos, deberá completar formularios en línea que serán diferentes según el puesto y la empresa.

- Currículos no solicitados

Una gran frustración a la que se enfrentan los solicitantes de empleo es mirar a través de los puestos vacantes de una empresa y no encontrar un lugar que les funcione. ¿Qué debería pasar si la empresa de sus sueños no contrata personas? ¡Envíeles su currículo de todos modos!

La mayoría de la gente piensa en enviar su currículo a las oficinas de recursos humanos, pero debe pensar más allá de recursos humanos. Póngase en contacto con los gerentes de línea. Ellos son los que generalmente toman las decisiones de contratación. Vea si puede obtener el nombre de una persona en el departamento en el que le gustaría trabajar. En el mejor de los casos, intente iniciar un diálogo para que pueda tener una buena idea de lo que quiere. En el peor de los casos, lo empujarán hacia recursos humanos.

También hay muchas compañías que le brindarán la oportunidad de registrarse para recibir notificaciones sobre ofertas de trabajo en su área de interés. También puede hacerlo a través de sitios web de reclutamiento como Monster. El currículo es lo que se interpone entre usted y una entrevista. La mayoría de los empleos tratarán de contratar primero antes de publicar una oferta de trabajo, esto les ahorra tiempo y dinero. Sin embargo, si no pueden encontrar a alguien dentro de la empresa para ocupar el puesto y ya tienen su currículo, es posible que reciba una llamada. Dicho esto, si tiene un mal currículo, es probable que vea la papelera.

Echemos un vistazo a algunos de los peores errores de los currículo para que pueda asegurarse de evitarlos:

1. Errores gramaticales y errores tipográficos

Esto puede ser lo más obvio, pero su currículo debe ser gramaticalmente perfecto. Si no es así, el empleador llegará a algunas conclusiones poco halagadoras sobre usted, como "No le importa" o "No sabe escribir".

2. Carece de detalles

El currículo no debería tener escrito lo obvio. Los empleadores quieren entender las cosas que usted ha logrado. Cosas como:

"Trabajé con empleados en un restaurante".

"Recluté, contraté, capacité y administré más de veinte empleados en un restaurante que ganaba $ 2 millones en ventas anualmente".

Estas frases pueden describir a la misma persona, pero la segunda capta su atención con sus detalles.

3. Usar un currículo genérico.

Cuando intenta crear un currículo genérico para enviar a cada anuncio que ve, casi puede garantizar que lo tirarán a la basura. Con la falta de esfuerzo, usted dice: "No estoy interesado en el trabajo. Francamente, cualquier trabajo está bien".

Los empleadores deben sentirse especiales y desean recibir un currículo que se haya hecho especialmente para ellos. Quieren que establezca claramente cómo y por qué encajará en su posición abierta y organización.

4. Mostrando deberes y no logros

Usted quiere que su currículo muestre lo bueno que es en lo que puede hacer, pero es realmente fácil caer en el error de enumerar sus deberes. Cosas como: archivos actualizados, trabajar con niños o actas grabadas en las reuniones son aburridos.

Eso reitera la descripción del trabajo. Los empleadores están más interesados en las cosas que lograste que en las cosas que hiciste. Agregue más detalles para que tenga algo como esto:

"Se reorganizaron diez años de archivos para hacerlos fácilmente accesibles al departamento".

"Creé tres actividades para niños en edad preescolar y les ayudé a crear un programa de vacaciones de diez minutos".

"Actas de reuniones semanales grabadas y crear un archivo de Microsoft Word para referencia futura".

5. Omitir cosas o seguir adelante

A pesar de algunas de las cosas que puede haber escuchado, no existen reglas reales donde se especifique la longitud de un currículo. ¿Por qué? Porque las personas que tienen diferentes expectativas y preferencias cuando se trata de currículos lo van a leer.

Esto no significa que pueda enviar currículos de cinco páginas. En términos generales, si no puede decirlo en una, no pase de dos. Sin embargo, una página es lo mejor. Asegúrese de no eliminar demasiadas cosas buenas de su currículo para tratar de que se ajusten a un estándar de una página.

6. Un mal currículo

Los empleadores leerán el currículo de su carrera, pero a menudo revisarán la información que es imprecisa. Coloque detalles e información que se centre en lo que necesitan.

7. Sin verbos de acción

No diga cosas como "Fui responsable de..." En su lugar, agregue algunos verbos de acción. Estas palabras muestran su iniciativa y marcan el tono del currículo. Intente: "Desarrollé un nuevo programa de incorporación para nuevos empleados."

8. No deje por fuera información importante

Es posible que sienta la tentación de dejar de lado los trabajos que tomó para ganar dinero para la escuela. Sin embargo, las habilidades blandas que aprendió en esos trabajos son más importantes de lo que piensa.

9. Currículo sobrecargado

Si ha utilizado un montón de fuentes diferentes en su currículo, le dará dolor de cabeza a la persona que lo lea. Pídale a algunos amigos que miren su currículo para ver si está muy sobrecargad. Si es difícil para ellos, entonces probablemente debería rediseñarlo.

10. Mala información de contacto

Podría tener el mejor currículo del mundo, pero si la persona no puede contactarlo, entonces no recibirá una entrevista. No van dejar de trabajar para obtener su correo electrónico o el número de teléfono correcto. Vuelva a verificar su información de contacto y asegúrese de que todo esté correcto.

Errores en la carta de presentación

Lo siguiente que los empleadores verán es su carta de presentación. Estos no necesariamente lo ayudan en el proceso de selección inicial, pero pueden ayudarlo a destacarse de la competencia en las rondas posteriores. Al responder a un anuncio clasificado, asegúrese de utilizar algunas de las palabras clave que utilizó el anuncio.

Asegúrese de tomarse el tiempo para redactar una carta para cada solicitud que envíe. Al igual que el currículo, quieren saber que está destinado para ellos y no a una carta de presentación genérica a la que hace un par de cambios de dirección. Además, antes de continuar con los errores de las cartas de presentación, asegúrese de que sea gramaticalmente correcta.

1. Centrándose demasiado en usted

Las empresas contratan personas para que hagan cosas por ellos. Esto significa que les gustaría saber qué puede hacer por ellos. Si bien debe mencionar sus logros, asegúrese de explicar también por qué puede llenar el vacío en su compañía.

2. Compartir información de cada trabajo que haya tenido

Dependiendo de cuántos trabajos haya tenido, esto podría significar una carta de presentación muy confusa y abarrotada. En lugar de compartir información sobre cada trabajo que ha tenido, comparta qué experiencias se relacionan con el puesto. Cree una carta de presentación que hable sobre esas habilidades en lugar de contarles la historia de su vida.

3. Compartir algo incómodo

No desea compartir las dificultades recientes que ha enfrentado en su carta de presentación. La persona que lo lee no está interesada en saber por qué fue despedido. Esto se verá como una señal de alerta. Estas cosas pueden abordarse en la entrevista si es necesario.

4. Escribir una novela

Las cartas de presentación rara vez se leen, pero tener una carta de presentación novedosa molestará a muchos gerentes de contratación. La mayoría de los gerentes de contratación prefieren que las cartas de presentación sean de media página o menos.

5. Repitiendo el currículo

Ellos ya conocen su currículo, ya ellos lo leyeron. No van a querer volver a leerlo cuando se trata de su carta de presentación.

6. Ser trivial

Sea específico en las cosas que puede proporcionar a su empresa. Evite declaraciones como: *"Creo que soy el que mejor para el trabajo..."*

Mencionar habilidades que no tiene o que mentir

Como habrá notado, el mentir no ha sido mencionado en las últimas dos secciones. Eso se debe a que tiene su propia sección porque es probablemente lo peor que puede hacer al solicitar un trabajo. También es algo que verá más adelante en el libro.

Si bien puede sentir la tentación de embellecer su solicitud para aumentar sus posibilidades de obtener una entrevista, hacerlo es un gran riesgo. Muchas consecuencias vienen con estas mentiras.

Hay varios tipos de mentiras que una persona puede hacer en su currículo o solicitud. Puede ser un ligero adorno de la verdad a las mentiras extremas. Las fechas se pueden cambiar un poco para tratar de agregar brechas entre empleos. Los logros pueden ser embellecidos un poco. Puede haber una exageración de alguna habilidad. Algunas personas incluso han mencionado experiencia laboral o títulos que nunca han tenido. Cuando se trata de cuestiones legales de estas mentiras, una empresa busca ver si fue "material" o no. Esto significa si podría influir en la decisión de una persona.

Si presta atención al proceso de solicitud, probablemente habrá un descargo de responsabilidad que dice que la información es necesaria para ayudar a evaluar las calificaciones de una persona para un puesto. Continúa diciendo que si una persona miente a sabiendas sobre esta información, es motivo de terminación. Si la aplicación no dice esto, la mayoría de los empleadores aún usarán sus derechos para despedir a un empleado ahora por omisiones o mentiras durante el proceso de solicitud.

La mayoría de los estados tienen leyes de empleo a voluntad. Todo esto significa que una persona puede dejar su trabajo cuando lo desee. También implica que su empleador tiene el derecho de terminar su relación laboral cuando lo deseen, a menos que su razón sea ilegal. Si lo despiden por mentir en una solicitud, puede provocar un ciclo interminable. Eso significa que tiene que decir la verdad sobre que lo despidieron para su próxima solicitud de empleo o correrá el riesgo de omitir información nuevamente.

Cuando miente durante el proceso de solicitud, también corre el riesgo de perder su derecho a demandar al empleador si tiene algún reclamo legal, como la terminación debido a la discriminación racial. Eso es lo que se conoce como la regla de "evidencia adquirida posteriormente". Significa que pueden usar cualquier evidencia que hayan aprendido sobre usted en defensa contra su reclamo legal. La posición de la empresa es que si hubiera dicho la verdad sobre la solicitud, no lo habrían contratado en primer lugar. Tendrán que demostrar sus mentiras, cómo se vincularon con la contratación y como son suficientes para que no lo hayan contratado.

Si usted es un profesional con licencia, mentir en la solicitud de empleo puede costarle su licencia.

No es probable que enfrente cargos criminales por mentir en la solicitud, pero algunas circunstancias podrían causar cargos penales. Por ejemplo, si miente sobre el servicio militar para obtener algún tipo de beneficio, puede ser procesado mediante la Ley de Valor Robado. Si solicita un trabajo federal o estatal, probablemente enfrentará cargos porque habrá mentido a un agente del gobierno estatal o federal.

La mayoría de las mentiras piadosas no van a causar un cargo de fraude, pero se pueden presentar cargos de fraude contra usted si el efecto de la mentira causó daños al bienestar financiero de una empresa o una persona.

También podría enfrentar responsabilidades civiles. Por ejemplo, si un arquitecto mintió sobre sus credenciales, podría ser civilmente responsable de tergiversaciones o fraude civil si una parte de un edificio se derrumbara y lastimara a alguien.

La lista de problemas es interminable cuando se trata de no decir la verdad en una solicitud de empleo. Además, todo queda registrado. Puede hacer que conseguir otro trabajo sea prácticamente imposible.

No ser creativo o único

Después de tomarse el tiempo para crear su currículo, sería bueno pensar que ya tiene todo listo. Se ha asegurado de que no haya errores ortográficos, no está sobrecargado y se siente listo para enviarlo.

El problema es: RR.HH. no quiere recibir el mismo currículo de todos. No quieren ver una plantilla de documento de Word, quieren algo único y creativo.

La buena noticia es que no tiene que escribir un nuevo currículo o carta de presentación para cada solicitud. Puede crear una copia maestra de ambos con todas sus certificaciones, habilidades y experiencias. Luego, puede ingresar y hacer pequeños cambios en ellos para cada trabajo que está solicitando para que todos sean únicos.

Ahora, hay algunos casos en los que cambiar su currículo y carta de presentación por completo aumentará sus posibilidades de obtener una entrevista. Una instancia será si tiene un listado de trabajo que le entusiasma mucho. Haga un esfuerzo adicional con estos. Personalice su currículo para mostrar los tipos de cosas que el empleador quiere ver.

Otra instancia será si está haciendo una carrera más. Si ha trabajado como representante de ventas durante un tiempo y desea cambiarse como administrador, deberá cambiar su currículo para mostrar cómo funcionarían las habilidades que tiene en el nuevo puesto.

Sí, esto podría retrasar el proceso de solicitud de empleo, pero una vez que domine las cosas, será más fácil. Además, es probable que reciba más llamadas de entrevista.

No ser realista con usted mismo y con sus habilidades

Los empleadores necesitan conocerlo y usted debes saber que le va a gustar el trabajo. Por eso es tan importante que se asegure de ser realista con usted mismo y con sus habilidades.

Solicitar un trabajo para el que está sobre cualificado enviará señales de advertencia al empleador. Antes de hablar sobre eso, hablemos sobre lo que significa para usted. ¿Será feliz trabajando 40 horas a la semana en un trabajo en el que hará cosas que probablemente sean muy fáciles de lograr? Claro, podría funcionar fácilmente, pero ¿no se aburrirá y se cansará de hacer cosas tan fáciles que podría hacerlas mientras está dormido?

Ahora, en lo que respecta al empleador, usted podría parecer desesperado o desconfiado. Van a pensar que tiene una necesidad tan desesperada de un trabajo que está dispuesto a aceptar cualquier cosa, o no tiene confianza en sí mismo y en sus habilidades. De cualquier manera, no hará que quieran contratarlo. Quieren a alguien a quien le guste venir a trabajar todos los días y que tenga plena confianza en sus habilidades.

Por otro lado, si solicita un trabajo para el que está subcalificado, enviará señales de alerta similares para el empleador. Esto lo hará parecer arrogante. También podría hacerles pensar que no está prestando atención, o simplemente está revisando las listas de trabajo y enviando solicitudes a cada trabajo que ve y no prestando atención a lo que cada uno requiere.

Cuando solicita un trabajo, debe asegurarse de que está calificado para el trabajo y que estará feliz de hacerlo. Los empleadores quieren personas que se conozcan a sí mismas, que sepan qué los hace felices y qué quieren hacer. No quieren pasar mucho tiempo entrenándolos en algo de lo que no saben nada o preocupados de que van a renunciar porque el trabajo no es lo suficientemente desafiante.

Muéstreles que se conoce a sí mismo.

Errores comunes que se cometen antes de la entrevista

Tiene su currículo listo y una carta de presentación perfecta. Las empresas buscan a alguien que tenga experiencia, habilidades y que pueda encajar en la cultura de la empresa. Quieren ver si sus ideas y personalidad complementarán a las personas con las que trabajará. Hay muchas maneras en que puede hacerle saber al entrevistador que usted es la persona que buscan.

Preparación

Prepararse para una entrevista requiere paciencia y tiempo. No es algo que pueda hacer diez minutos antes de partir para su entrevista. Es algo que puede aprender, y se hace más fácil cada vez que lo hace. Empiece a aprender qué preguntas se le harán y podrá descubrir qué respuestas funcionarán mejor. Cuantas más entrevistas tenga, más cerca estará de conseguir ese trabajo perfecto.

La parte que lleva más tiempo es investigar a su posible empleador. También es la parte más importante. La mejor manera de demostrar que usted es el mejor candidato es dejar una impresión positiva con el entrevistador. La mejor manera de hacerlo es conociendo todos los aspectos de la empresa. No debe hacer esto al principio de la búsqueda de empleo. Debe esperar hasta que se le pida que asista a una entrevista.

- Encontrar información

Hay muchas herramientas y formas en que puede encontrar la información que necesita. La primera es bastante obvio: conocer a alguien dentro de la empresa. Si no conoce a nadie, puede crear un contacto. Es posible que tenga un pariente o amigo que conozca a alguien que trabaje en la empresa y pueda ayudarlo.

También necesita encontrar información sobre los competidores de la empresa. Existe mucha información en las bibliotecas locales, en revistas, periódicos y revistas. Enfóquese en las estadísticas. Enfóquese en las empresas que están en el mismo campo con la que se está entrevistando. Mire de cerca a los que lideran el campo. Algunos datos sobre ellos pueden ayudarlo durante la entrevista.

Busque todo. Encuentre suficiente información para poder hacer una presentación de diez minutos. Encuentre tantos datos como sea posible para que pueda hablar inteligentemente sobre la compañía. Debe saber qué tipo de servicios y productos ofrecen, los clientes con los que tratan, la empresa y el nombre de su empresa matriz, y las empresas y los nombres de las filiales. Descubra dónde se clasifican en la industria, las tendencias de ganancias y ventas, el tipo de propiedad, el tamaño y cualquier otra cosa que le parezca importante. Aprenda la jerga de la empresa. Si sabe quién llevará a cabo la entrevista, investigue también sobre ellos.

- Investigar en internet

Hay muchos lugares en línea donde puede encontrar información de manera efectiva y rápida. El primer lugar para comenzar es el sitio web de la empresa. Además de la información fundamental, debe encontrar su historial, declaración de misión, lista de ejecutivos e informes anuales. Si tienen comunicados de prensa, lea el último. Esto le muestra al entrevistador que sabe lo que está sucediendo en la empresa. Muchos sitios le proporcionarán datos que debe conocer sobre una industria.

- Aprovechar al máximo la investigación

    o Busque discusiones en línea donde los empleados o expertos discutan acerca de la empresa. Este tipo de comentario puede darle una idea del valor y la cultura de la empresa.

    o Lea reportes de noticias y comunicados sobre lo que siente la empresa. Los informes son más objetivos y dan una idea de cómo se gestionan los ejecutivos. Buscar fuentes de terceros puede darle una idea de la información problemática sobre la salud financiera de la compañía que podría ayudarlo a mantenerse alejado de un barco que se hunde.

    o Intente no restringir su búsqueda solo a los listados más recientes. Es posible que algunas publicaciones antiguas no se hayan completado y que tengan menos competencia, ya que muchos buscadores de empleo solo se centran en las publicaciones más recientes.

    o Use el sitio web de la compañía para conocer ciertas carreras. Probablemente, esta información está siendo utilizada por muchas compañías y podría ser más general que los requisitos más específicos que la mayoría de las compañías buscan. Esto puede ayudarlo a comprender la carrera que le interesa.

    o Aproveche las oportunidades de las redes sociales. Los contactos en Facebook y LinkedIn pueden funcionar para las empresas a las que está conectado. Encuentre empleados dentro de su red en línea. Póngase en contacto con ellos para obtener la información que necesita sobre la empresa.

    o

- Entrevistas simuladas

Siéntese con algunos buenos amigos en los que confíe y tenga algunas entrevistas simuladas. Puede hacer que le hagan preguntas y vea qué tan bien puede responderlas. Solicite sus comentarios honestos. ¿Parece confiado y seguro? ¿Fueron sus respuestas fuera de lugar o aburridas? ¿Contratarían a la persona que respondió las preguntas? Si no, entonces necesita trabajar más en ello.

Pídales que graben la entrevista para que pueda verse a través de los ojos del entrevistador. Observe su lenguaje corporal ya que le dice mucho sobre usted. ¿Estaba encorvado? ¿Estaba atento y sentado derecho? ¿Mantuvo contacto visual sin mirar fijamente? Su lenguaje corporal debe mostrarle al entrevistador que está concentrado y alerta. No cruce las piernas ni doble los brazos. Sus manos también pueden trabajar en su contra. Si hace gestos mientras habla, necesita tener eso bajo control. Mantenga las manos cruzadas en su regazo. Si se toma el tiempo para trabajar en todo lo anterior, estará en camino a una gran entrevista.

- La pantalla de teléfono

Algunas compañías le harán una entrevista telefónica antes de entrevistarlo en persona. En este punto, ya saben que cumple con todos sus requisitos básicos. Esta entrevista previa es simplemente su forma de determinar si vale la pena dedicar su tiempo a programar una entrevista en persona o continuar con el proceso.

Para ser sincero, las entrevistas telefónicas no son lo mejor porque la mayoría de las personas nunca están preparadas para ellas, y las personas a menudo hacen un mal trabajo al dar lo mejor de sí. La mayoría de las veces, es porque no dan crédito a la importancia de la entrevista telefónica.

Hay tres razones principales por las cuales las compañías elegirán hacer una entrevista telefónica:

    1. Quieren saber que es capaz de realizar ciertas tareas. Están buscando que valide lo que dijo que podría hacer. Aquí

es donde puede resaltar frente a los demás hablando sobre sus logros y experiencia laboral. Luego, debe llevar las cosas un paso más allá brindándoles una visión de lo que puede ayudarles a hacer.

2. Quieren descubrir que usted quiere el puesto. Nadie está interesado en perder el tiempo entrevistando a alguien que no está interesado en el trabajo. Debe mostrarles que le apasiona su línea de trabajo.

3. Quieren saber si les agrada. Usted puede tener la mejor experiencia, y no podría significar nada para ellos si no piensan que sería un gran líder y un buen trabajador en equipo. Ha habido muchas autoridades de contratación que han optado por "pasar" a un candidato que tenía calificaciones increíbles. Continúan haciendo una entrevista en persona porque no querían perder el tiempo conociendo a alguien que tiene una mala personalidad y habilidades de liderazgo deficientes.

Cuando se prepare para su entrevista telefónica, asegúrese de tener su currículo consigo. La mayoría de la gente piensa que esto no es necesario porque el entrevistador ya conoce su historial laboral. ¡No! Tenga su currículo contigo.

Es un hecho conocido que durante las entrevistas telefónicas, sin importar cuán experimentada sea la persona, el entrevistado se pondrá nervioso o distraído y terminará olvidando algunos de los hechos más básicos, como el nombre correcto de un empleador, descripciones detalladas del trabajo, el nombre del trabajo exacto, fechas de empleo y más. Además, a veces se olvidan de hacerle algunas preguntas importantes a su entrevistador porque no las tenían escritas frente a ellos. Aquí hay algunas cosas que debe asegurarse de hacer durante una entrevista telefónica:

1. Si es posible, párese mientras habla con ellos. Puede proyectar mejor su voz, y esto hará que la conversación sea más atractiva.

2. Como se indicó anteriormente, tenga sus preguntas y el currículo con usted.

3. Pregunte en qué etapa se encuentran el proceso de la entrevista e intente averiguar qué les faltaba a los otros solicitantes con los que han hablado. Esto demuestra que tienes grandes habilidades de liderazgo. Esto le dará una forma de colocarse por delante de la competencia, y también involucrará más al entrevistador, por lo que tendrá una conversación con ellos en lugar de una entrevista.

4. Debe ayudar al entrevistador a pintar una imagen precisa de usted. Deje que su personalidad se manifieste. Haga preguntas, ría, sea atractivo. No tienen idea de quién es usted y están tratando de crear una imagen suya lo mejor que pueden sin tener que conocerlo en persona.

5. Si está muy interesado en el trabajo, invítese a una entrevista en persona una vez que la entrevista telefónica haya finalizado.

Echemos un vistazo a cómo invitarse a una entrevista en persona. Puede sonar desalentador, pero es muy fácil de hacer. Esto funciona porque el entrevistador validará su interés y organizará otra reunión o se verá obligado a decirle por qué no está interesado en seguir con usted en este momento. De cualquier manera, sabrá en qué posición está y no se quedará con la interrogante.

Cuando finalice la entrevista telefónica, una vez que les haya agradecido la llamada, diga: "Estoy muy interesado en el trabajo. Siento que mis calificaciones se ajustan a sus necesidades, y me gustaría reunirme con usted para una entrevista en persona". Luego, deje de hablar. Espera a que respondan.

Cumplirán y organizarán una entrevista en persona o dirán algo como: "Todavía estamos en el proceso de evaluar a otros solicitantes. Nos pondremos en contacto con usted si estamos interesados".

Si muestran que no están interesados, es posible que desee decir algo como "¿Está preocupado por mis calificaciones?" Esto podría obtener una respuesta directa y honesta, o no, pero no le hará daño preguntar. Sin embargo, solo pregunte esto sí es evidente que están preocupados por sus habilidades para realizar bien el trabajo, de lo contrario, esto podría terminar haciendo más daño que bien.

Al final, las entrevistas telefónicas son críticas. Son algo más importantes que la entrevista en persona porque si las cosas no salen bien, no obtendrá la entrevista en persona.

Que llevar

Cuando se trata de una entrevista, tienen aproximadamente un 80% de preparación y un 20% de ejecución. Ya hemos hablado sobre diferentes formas de prepararse para su entrevista utilizando entrevistas simuladas y otros consejos prácticos. Ahora, veamos cómo asegurarnos de que tiene todo lo que necesita para su entrevista.

Tomemos un momento para imaginar un escenario. Usted entra en la oficina del trabajo de sus sueños, le da la mano al gerente de contratación, se sienta y luego se da cuenta de que ha olvidado todo en casa. No tiene copias de su currículo, ni papel ni bolígrafo para tomar notas, es un milagro que se haya puesto desodorante.

Desafortunadamente, esta falta de preparación puede terminar costándole el trabajo. Para asegurarse de que esto no suceda, debe comenzar a prepararse para la entrevista tan pronto como se haya alistado.

Aquí hay algunas cosas que debe asegurarse de llevar consigo cuando vaya a su entrevista, para que esté 100% preparado:

1. Carpeta

Sin duda tendrá papeleo para la entrevista, por lo que una carpeta es un excelente lugar para almacenar todos estos documentos. Esto mostrará que está organizado. Esta es una habilidad común que muchos empleadores están buscando.

2. Copias de su currículo

Sí, debe tener más de una copia de su currículo con usted. Lo más probable es que ya haya enviado una copia de su currículo cuando presentó la solicitud, pero no asuma que el entrevistador tendrá la copia a mano. Son personas ocupadas, por lo que puede haberse olvidado de imprimirlo para llevarlo consigo.

¿Por qué necesita más de una copia? No sabe cuántas personas estarán en el panel de entrevistas, y lo más probable es que todos quieran ver una copia de su currículo.

3. Tarjetas de presentación

Si bien su currículo debe tener toda su información de contacto y la tarjeta de presentación puede parecer un poco vieja, no está de más tenerla con usted. Son pequeñas y fáciles de transportar, y nunca se sabe si alguien podría preguntar por usted. Por eso siempre es bueno tener algo a mano.

4. Muestras de trabajo o portafolio

Si trabaja en una industria creativa, como la moda, la arquitectura, el diseño, el periodismo o la publicidad, asegúrese de llevar gran parte del trabajo que ha realizado en el pasado. Debería ofrecer enviarles una copia electrónica de su cartera más adelante. Dependiendo de su línea de trabajo, es posible que desee traer una hoja que muestre todos los comentarios positivos que ha recibido de clientes anteriores.

5. Referencias

Cuando su entrevista va bien, porque después de todo esto así será, le pedirán sus referencias en el acto, asegúrese de tener una lista preparada con toda la información de contacto. Teóricamente, debería poder enviar por correo electrónico a la empresa su información de referencia una vez que llegue a casa, pero este es un enfoque incorrecto. Desea que la empresa tenga todo lo que necesita para avanzar en el proceso de contratación. Además, mostrará más eficiente si ha venido preparado.

6. Pluma y papel

Tomar notas durante su entrevista puede ser útil por muchas razones. Primero, muestra que está escuchando activamente y participando en la conversación, y asegura que no terminará olvidando información importante sobre el trabajo. Además, puede consultar estas notas más adelante para enviar una nota de agradecimiento personalizada.

Antes de comenzar a tomar notas, asegúrese de preguntarle al entrevistador si está bien que lo haga. Asegúrese de no tomar tantos registros breves que no pueda hacer contacto visual. Además, traiga más de un bolígrafo en caso de que se quede sin tinta.

7. Preguntas

Para demostrar que está realmente interesado en el puesto, debe asegurarse de haber preparado algunas preguntas para formularlas con anticipación que demuestren que comprende la cultura, los desafíos y los valores centrales de la empresa. Las siguientes son algunas preguntas que puede hacer:

- ¿Cómo proporcionan sus gerentes comentarios a los empleados?

- ¿Qué se hace para ayudar a fomentar la colaboración y el compañerismo entre los empleados?

- ¿Cuáles son las cosas más importantes que podría lograr durante mis primeros 60 días en el trabajo?

- ¿Cómo se definen y miden los éxitos?

8. Puntos de conversación

Las entrevistas de trabajo son estresantes y exasperantes. Una de las mejores maneras de reducir el estrés antes de ir a la entrevista y de ayudar a construir su confianza es asegurarse de que puede refrescar su memoria mirando algunas notas tomadas antes de la entrevista y que desea asegurarse de estar cubierto. Estas podrían ser notas sobre cosas como anécdotas que resaltan sus fortalezas, logros y otras habilidades específicas.

Puede crear una lista, que sería un resumen de sus logros, organizados por conjuntos de habilidades, que puede revisar justo antes de ir a la entrevista. Debe asegurarse de que estos logros coincidan con las responsabilidades del trabajo. Por ejemplo, si su entrevista es para un puesto directivo, querrá hablar sobre el último proyecto que supervisó y describir cómo tuvo éxito el proyecto.

9. Identificación

Esto puede parecer obvio, pero aún debe mencionarse. Es posible que deba tener una identificación con fotografía para ingresar al edificio, así que consulte con el gerente de contratación antes de la entrevista para averiguar cuáles son sus requisitos de seguridad. Odiaría que el personal de seguridad le pida una identificación y no la tenga con usted. También pueden preguntarle el nombre de la empresa que está visitando, el nombre de la persona con la que se está reuniendo y el piso en el que se encuentra la reunión. Asegúrese de confirmar toda esta información cuando se está preparando para la entrevista y asegurarse de que no se quede confundido en el vestíbulo antes de la entrevista.

10. Información de contacto y direcciones

Debería asegurarse un día antes de la entrevista de saber a dónde va. Asegúrese de tener la dirección escrita o si necesita usar su GPS. Además, asegúrese de tener la información de contacto de la empresa si necesita ponerse en contacto con ellos de antemano en caso de que algo salga mal.

11. Una menta

Si bien no desea masticar chicle durante la entrevista, comer uno de antemano puede ser una buena idea para asegurarse de que su aliento esté fresco. Alternativamente, puede hacer una usar una pastilla de menta justo antes de dirigirse a la entrevista.

12. Una sonrisa

La mayoría de las veces, una sonrisa puede parecer cursi, pero sonreír le hará ver mejor ante el entrevistador. Los empleadores quieren saber que está entusiasmado y emocionado con el trabajo.

Hay algunas cosas que no debería traer a la entrevista también. Aquí hay algunos:

- A sus padres, por extraño que parezca, sucede
- Exceso de joyas
- Bebidas
- Comida
- Chicle

Cuando haya reunido todas las cosas y esté listo para su entrevista, puede pasar al siguiente paso en el proceso de preparación.

Reglas de la vestimenta

Esto suena superficial, pero la gente lo juzga por la forma en que se viste. Sin embargo, eso no significa que tengas que ponerte algo Prada. Lo que usted parece por fuera muestra lo que es por dentro. Si el entrevistador puede ver que se tomó el tiempo para elegir la ropa adecuada, le dice que pone la misma atención en su trabajo. Si va a su entrevista vestido muy informalmente, le está diciendo al entrevistador que no le importa la empresa o el trabajo. Vístase un poco más de lo normal que cuando va a trabajar. Debe tener en cuenta las reglas básicas que se enumeran a continuación:

- Hombres

Si lo están entrevistando para un puesto profesional, use siempre un traje. Usar una camisa y corbata puede estar bien para su trabajo actual, pero no será suficiente para una entrevista. Use colores conservadores, como gris carbón, azul marino o negro. Los colores llamativos o brillantes distraerán al entrevistador y no lo escucharán con tanta atención.

Puede animar fácilmente un traje conservador cambiando la camisa o la corbata o incluso ambas. Si tiene un traje, cambiarlos puede ayudar mucho si está entrevistando a compañías que requieren más de una entrevista en diferentes ocasiones. Manténgase alejado de las camisas brillantes, solo deben usarse en clubes nocturnos. Asegúrese de usar medias que combinen con sus pantalones y zapatos.

- Mujeres

La vestimenta adecuada para las mujeres en el lugar de trabajo ha cambiado mucho en las últimas décadas. El traje de poder que solía gobernar la escena se ha rebajado a un traje de pantalón que no se ve muy diferente al de un hombre. Las mujeres que usan pantalones ahora son más aceptables y podrían ser más apropiadas en trabajos en los que caminará mucho o entrará y saldrá de un automóvil. Si usa una falda, la longitud de la falda debe ser profesional y de buen gusto. Nada más corto que la longitud de la rodilla es apropiada. No importa cuál sea el código de vestimenta de la empresa, se espera que las mujeres usen un traje para la entrevista.

Los colores deben ser conservadores. Los pantalones azul marino o negro o una falda junto con una chaqueta serían su mejor opción. Manténgase alejada de colores como el azul claro o el rosa, no le ayudan a verse profesional. Nunca use algo que cuelgue, esto se aplica a collares, pulseras y aretes. Por último, manténgase alejado de la ropa que le quede demasiado ajustada: no se sentirá cómoda y el entrevistador no la tomará en serio.

- El aseo

El aseo personal es crítico, y debe cuidarlo antes de salir por la puerta. Una preparación cuidadosa muestra confianza en sí mismo y minuciosidad. Las mujeres no deben usar demasiado maquillaje o joyas. Si se pinta las uñas, asegúrese de que sea un color conservador.

Los hombres deben asegurarse de que su vello facial esté recortado y limpio. Si tiene bigote o barba, debe estar bien arreglado. Si no, asegúrese de estar afeitado en el momento de la entrevista. Si tiene una entrevista a las cuatro, pero ya puede notar el sombreado de su vello facial, asegúrese de poder llegar a casa para un afeitado rápido antes de la entrevista.

Todos los candidatos deben usar poca o ninguna colonia o perfume. La ropa que huele a humo de cigarrillo puede ofender al entrevistador si tiene una nariz sensible. Quítese las joyas faciales y cubra los tatuajes con mangas largas. Ponga su botella de agua en un maletín y deje la mochila en el auto.

El retraso

La persona que lo llamó y le pidió una entrevista le preguntará si necesita indicaciones para llegar al edificio. NUNCA rechace estas instrucciones. Incluso si cree que conoce su ubicación, debe saber exactamente a dónde va.

Si no está familiarizado con esa área en particular, sigue siendo una buena idea conducir hasta allí antes de tener que ir a la entrevista. Planifique las direcciones y vea cuánto tiempo le llevará llegar allí. Incluso si tiene un GPS, obtener información específica de una persona que va allí todo el tiempo le dará más respaldo que el GPS.

Recuerde agregar algunos minutos para el tráfico u otras demoras imprevistas. Intente llegar al menos diez o quince minutos antes. Cuando programe su entrevista, asegúrese de saber quién lo entrevistará. La persona que llama para programar la entrevista no siempre es la persona que hace las entrevistas. Pregunte su nombre, título y número de teléfono. Ponga esta información en su teléfono celular para tenerla disponible en caso de que surja un problema. De esta manera, puede contactarlos directamente.

- Hora de llegada

Al igual que otros problemas durante el proceso de la entrevista, determinar el momento adecuado para llegar es complicado. Una regla que debe recordar es que llegar tarde, incluso "casualmente tarde", nunca será aceptable. La tardanza es una de las principales razones por las que los entrevistadores no contratan a alguien para el trabajo. Si no hay circunstancias atenuantes, siempre debe llegar temprano. Si hay circunstancias, llame al entrevistador y dígale que va a llegar un poco tarde.

El mejor momento para llegar a su entrevista es entre diez y quince minutos antes. Si llega antes será al último minuto. Si llega demasiado pronto, parecerá demasiado ansioso. Recuerde: también está tomando el tiempo de otras personas. Incluso podría ser que si llega a tiempo, el entrevistador podría no estar listo para hablar con usted. Cuando llegue, si le dicen que serán unos minutos, tómese este tiempo para ir al baño, compórtese y espere pacientemente.

- Llamar con anticipación

Llame a la persona que realiza la entrevista tan pronto como se dé cuenta de que va a llegar tarde. Cuanto antes se ponga al frente de lo que puede ocurrir, mejor estará.

Si ha dejado inadvertidamente el número del entrevistador en su casa, llame a la compañía y avise a alguien allí. Deben poder transmitir su mensaje a la persona correcta. Simplemente diga: "Hola, mi nombre es... Tengo una entrevista para el puesto de ... a las dos p.m. Estoy llegando un poco tarde. Estaré allí tan pronto como pueda".

Puede haber algunas situaciones en las que no es posible llamar con anticipación, como si tuviera un accidente automovilístico. Va a estar preocupado, y esto es comprensible. Dicho esto, trate de llamar a la compañía y dígales lo antes posible.

- Pedir disculpas

Si usted alguna vez ha esperado dos horas para que un amigo haga su aparición en su cena, para la que pasó toda una semana preparándose, será seguro decir que su nivel de frustración será exagerado. Más aún si no se disculpan.

Ahora piense en hacerle eso a un empleador que se haya tomado 30 minutos de su día para hablar con usted sobre su experiencia para ver si usted es una buena opción para la empresa. Incluso si solo llega diez minutos tarde, puede, al menos, reconocer esto y darles una sincera disculpa por arruinar su día.

- Demuéstreles que puede adaptarse

Piense en esta escena de la película *La búsqueda de la felicidad*:

Christopher Gardner se arrastra a una entrevista, va a terminar cambiando su vida mientras usa una camiseta sin mangas salpicada de pintura después de pasar la noche en la cárcel. A pesar de que no está vestido adecuadamente, se conduce profesionalmente y puede impresionar a sus futuros jefes. No solo demuestra que es mejor que su atuendo andrajoso, sino que también demuestra que es adaptable.

El 50% de cualquier entrevista de trabajo se trata de que el entrevistador se entere de quién es usted como persona y se haga una buena idea de cómo encajará en la empresa. La forma en que puede manejarse bajo la presión de llegar tarde a su entrevista va a decir mucho sobre quién es usted y cómo se comportará si consigue el trabajo. Si termina llegando tarde a su entrevista de trabajo, existe una buena posibilidad de que llegue tarde a una reunión con un cliente, y la compañía está interesada en ver qué tan bien puede recuperarse. Cuando llega tarde, se convierte en una prueba de qué tan bien puede manejar esa desafortunada situación.

Si se encuentra en la incómoda posición de llegar tarde a su entrevista, es posible que no se pierda todo. Asegúrese de estar preparado y superar la situación como un profesional, puede terminar salvando la entrevista y su oportunidad de trabajo.

- Una buena razón para llegar tarde

La mayoría de las veces, el entrevistador no va a preguntar por qué llegó tarde, pero usted debe darle una razón de todos modos. Tiene que ser bueno. "Lo siento, no escuché la alarma" o "Estoy atrapado en el tráfico" esas excusas no van a salvarlo. Tampoco: "Estoy teniendo un mal día", "Mi gato tosió una bola de pelo en mi blusa", "Mi lavadora inundó el piso", "Al salir me di cuenta de que llevaba dos zapatos diferentes", y "Corrí adentro para cambiarme los zapatos y luego mi auto no arrancó".

Los entrevistadores no son los monstruos implacables que creemos que son. Saben que las cosas pasan. Si la razón por la que llega tarde a su entrevista es algo que no se pudo evitar, como una emergencia familiar o un pinchazo, no invente excusas tontas.

Lo que hay que recordar es darles información. La honestidad siempre ha sido el mejor camino a seguir.

- Darles una hora de llegada

Enviar un correo electrónico o llamar con anticipación no va a hacer mucho si no les dice qué tan pronto estará allí. Solo decir "estaré allí lo antes posible" no es nada. Esto podría significar diez minutos de distancia, o el tren no ha salido de la estación.

No piden una hora exacta, pero debe darles una buena estimación. Hacer que se sienten allí preguntándose dónde está o cuándo llegará allí podría ser un factor decisivo. Usted no quiere que eso suceda.

Cuando les dé su hora de llegada, trate de calcular la cantidad de tiempo que realmente necesita para llegar allí. Luego agregue unos cinco minutos de ventaja. Nunca les diga que ha agregado un tiempo adicional.

- Prepárese para reprogramar

El entrevistador ha reservado este tiempo para hablar con usted, y probablemente no sea la única persona con la que están hablando ese día. Su tiempo es tan valioso como el tuyo.

Cuando llame para informarles que va a llegar tarde, debe estar preparado para que reprogramen o cancelen la entrevista. Tienen otras cosas que hacer más que satisfacer sus necesidades.

Lo que es peor es que continúan y hablan con el otro candidato que se presentó bien temprano para su entrevista. Llegaron temprano, pero al menos se presentaron antes de la hora programada para la entrevista.

- Tómese un momento para arreglarse

Una vez que finalmente llegue a la entrevista, es imprescindible que se tome unos minutos para recomponerse antes de dirigirse a la recepción.

Es posible que ya llegue tarde, pero tomarse unos minutos para verificar su apariencia puede marcar la diferencia. No querrá entrar con el cabello despeinado, la camisa arrugada y, en general, desaliñado. Tome algunas respiraciones profundas para calmar sus nervios y ganar algunos puntos. No tiene nada que perder.

Diga: "Tengo confianza y soy fuerte. Soy una mujer/hombre que prospera en nuevos desafíos y trabaja duro para lograr mis objetivos".

¡Ahora, ve por ellos, tigre!

- Discúlpese nuevamente

Cuando finalmente se encuentre con el entrevistador y extienda su mano para estrecharla, dígale que lo siente una vez más por haberlo hecho esperar. No exagere con las disculpas, no quiere parecer demasiado desesperado.

Tenga en cuenta que esta segunda oportunidad es casi imposible, no pierda el tiempo llamando continuamente la atención para llegar tarde. No pierda el foco en por qué está allí: para mostrarles lo increíble que usted es y para conseguir el trabajo de sus sueños.

- Envíeles una nota de agradecimiento

Ya debería estar planeando enviarles una nota de agradecimiento después de la entrevista. No importa a qué hora llegó. Debe tomarse este tiempo para disculparse por su tardanza nuevamente, junto con su gratitud por tomarse el tiempo para tener la entrevista incluso después de que llegó tarde.

Intente apegarse a unas pocas líneas.

Pruebe esto:

"Apreciado Director de Recursos Humanos,

Muchas gracias por tomarse el tiempo de reunirse conmigo hoy. Solo quería disculparme una vez más por llegar tarde. No es la forma en que normalmente hago las cosas.

Sé que esto fue un inconveniente para usted y aprecio cómo se tomó un tiempo extra de su día para reunirse conmigo.

Una vez más, fue un placer, y estoy entusiasmado con todo lo que aprendí sobre la empresa y el papel que desempeña hoy.

Atentamente,

(Nombre y apellido)

El mejor consejo es no llegar tarde, si es posible. Prepare su ropa la noche anterior y cualquier otra cosa que pueda necesitar, y salga de su casa 30 minutos antes de lo habitual. Haga lo que sea necesario para asegurarse de llegar diez minutos antes.

Protocolo del teléfono celular

En la actualidad, nuestros teléfonos celulares se han convertido en una extensión de nuestro cuerpo. Casi nunca nos encontramos sin ellos. En un estudio realizado por Pew Research Center en 2015, encontraron que el 46% de los estadounidenses "no podrían vivir sin" sus teléfonos celulares. La encuesta de Zogby encontró que el 87% de los millennials afirman que nunca están separados de sus teléfonos.

Nuestros teléfonos celulares tienen cámaras, partes de nuestra vida social, entretenimiento y calendarios. Sin embargo, cuando se esté preparando para una entrevista de trabajo, haga lo correcto y apáguelos.

Cuando se trata de asegurarse de tener un buen protocolo de teléfono celular durante una entrevista de trabajo, hay un consejo básico:

Apague su teléfono.

Esto es extremadamente simple, pero la mayoría de las personas lo olvidan o no lo hacen. Si es necesario, configure un recordatorio en su teléfono para apagarlo justo antes de su entrevista. También debe asegurarse de que su teléfono esté completamente apagado, no lo ponga en vibración. Si su teléfono se apaga, ese zumbido no solo distraerá, sino que también será embarazoso a mitad de la entrevista. Todos esos correos electrónicos, llamadas y mensajes de texto pueden esperar.

Ha trabajado muy duro para obtener la entrevista. Ha pasado tiempo juntando cosas para la entrevista. Y tiene el plan perfectamente diseñado. Sin embargo, si entra a esa entrevista y en el momento en que abre la boca para presentarse, su teléfono comienza a sonar y a reproducir la canción "Si te gustan las piñas coladas" a un nivel ensordecedor, probablemente será muy difícil recuperarse. Este es un ejemplo de algo que no desea que suceda durante su entrevista de trabajo. Esto se puede evitar apagando su teléfono.

También debe asegurarse de apagar su teléfono temprano. Idealmente, debe apagar su teléfono mientras está en su automóvil y luego dejar el teléfono allí. Si toma el transporte público, apague su teléfono antes de entrar al edificio. Este es un momento crítico para las primeras impresiones. Probablemente será recibido por una recepcionista cuando entre, así que asegúrese de concentrarse en dar lo mejor de sí. Resista el impulso de agarrar su teléfono si tiene que esperar unos minutos antes de que lo llamen nuevamente a su entrevista. Muchas áreas de recepción de negocios tienen información sobre la compañía en sus fotografías u otros materiales escritos. Ya debería haber investigado sobre la empresa, pero tómese un tiempo para leer las cosas en la sala de espera.

Tómese un tiempo para practicar estar sin su teléfono. La mayoría de los comportamientos que tenemos cuando se trata de nuestros teléfonos celulares se han vuelto subconscientes. Buscamos automáticamente en nuestros bolsillos para asegurarnos de que nuestro teléfono esté donde se supone que debe estar, o cuando alguien más reciba un mensaje de texto. Si mantiene su teléfono en su maletín o automóvil, evitará que haga estas cosas. Tómese un par de horas y deje su teléfono celular en un lugar al que no pueda acceder fácilmente para ver cómo se siente. Salga con algunos familiares o amigos, apague el teléfono y déjelo en su bolso, tal como lo hará durante la entrevista. Como beneficio adicional, es posible que recuerde cómo es tener una conversación ininterrumpida.

El cuaderno y el bolígrafo que debería llevar consigo también servirán como lugar para escribir recordatorios. Cuando el entrevistador le brinde información sobre cosas, tendrá que escribirla en su cuaderno en lugar de buscar su teléfono para escribirla. Después de la entrevista, puede transferir la información a su teléfono celular.

No comience a revisar su teléfono. Esto significa que no debe escabullirse al pasillo o al baño para verificar lo que está sucediendo en "el mundo de Facebook". Actualmente se encuentra en un edificio lleno de personas que podrían terminar siendo sus compañeros de trabajo. Desea causar una gran primera impresión con todos los presentes. Si está planeando usar su teléfono celular para enviar esa nota de agradecimiento después de su entrevista, espere hasta llegar a casa o en su automóvil. Es una buena idea tomarse un tiempo para reflexionar sobre su entrevista antes del agradecimiento.

Vivir sin su celular es difícil. Todos nos hemos vuelto súper dependientes de la tecnología. Nos ayuda a vivir nuestras vidas, e incluso su posible empleador puede comprenderlo. Sin embargo, las probabilidades de que pase de ser un posible jefe a ser su actual jefe son mayores si mantiene apagado su teléfono en la entrevista mientras todavía lo están conociendo.

¿Qué sucede si olvida apagar el teléfono o, al menos, solo lo silencia para que no haga ruido y solo vibre? Si no tomó las precauciones y su teléfono comienza a sonar durante la entrevista, lo mejor que puede hacer es apagarlo rápidamente y disculparse. No se tome el tiempo para comprobar quién era y no intente crear una excusa poco convincente. Lo mejor que puede hacer es silenciarlo, apagarlo y disculparse.

Ahora, para cada regla, siempre hay una excepción o dos. Si el entrevistador le pide específicamente que use su teléfono para que pueda ver sus perfiles o redes sociales, entonces está bien. Esto podría suceder si hay un amigo común o si las redes sociales desempeñan un papel en el papel del trabajo que está solicitando.

Finalmente, la única otra razón para tener su teléfono encendido es si está esperando una llamada médica o familiar muy importante. Si este es el caso, asegúrese de decirle al entrevistador de antemano. Serán más serviciales si usted es sincero con esta información, como si fuera interrumpido por una llamada telefónica, es de esperar y no lo juzgarán por ello.

Pruebas

En este punto, debe estar bien preparado para su entrevista, pero hay una cosa de la que tenemos que hablar antes de pasar a la entrevista.

Probablemente haya escuchado algunas historias, que han alcanzado el estatus de leyenda urbana, sobre cómo los entrevistadores pueden ser sádicos y obligar a sus entrevistados a esperar por ellos durante dos horas antes de verlos. Si bien puede ser cierto que en los años de entrevistas de trabajo algún candidato se vio obligado a esperar un tiempo, pero casi puede estar seguro de que no se hizo intencionalmente.

Dicho esto, hacer que un entrevistado espere de cinco a diez minutos más es algo que algunos entrevistadores harán. Esto no significa que hagan esto para verlo retorcerse por un rato, esta es solo una manera para que un entrevistador sepa cómo reaccionaría usted cuando las cosas no salen como esperaba.

Ellos miran para ver si se sienta pacientemente y se mantiene relajado y tranquilo. O, ¿se acerca a la recepcionista y comienzas a preguntar o exigir que el entrevistador lo vea de inmediato? ¿O decide salir después de tener que esperar unos minutos más? La forma en que reacciona ante esta situación antes de ser contratado puede terminar determinando cómo va a reaccionar ante problemas similares una vez que haya sido contratado.

Dado que probablemente tendrá un poco de tiempo de espera, si se presenta en los cinco o diez minutos sugeridos antes de la hora programada, traiga un libro o una revista para mantenerlo entretenido. Asegúrese de que sea algo que no lo avergüence de que lo atrapen leyendo. Por encima de todo lo demás, asegúrese de no mostrar molestia. Si la recepcionista le dice que van a ser un par de minutos más, simplemente responda amablemente como si nada hubiera pasado, y luego manténgase enfocado en su libro o revista.

Estos pocos minutos probablemente serán algunos de los más difíciles de su vida. Hasta este momento, ha dedicado su tiempo a reunir sus cosas, vestirse, comer y llegar a su entrevista. Ahora todo se ha detenido. Esta detención a menudo hace que lo mejor de nosotros se inquiete. Resista esa tentación. La inquietud es lo último que quiere que lo vean teniendo. Usted quiere mostrarse confiado y mostrarle a la compañía y al entrevistador que usted es el tipo de persona que puede manejar los cambios y desafíos, y que el menor de ellos es tener que esperar a alguien.

Errores comunes cometidos durante la entrevista

Durante el proceso de contratación, debe saber lo que no tiene que hacer durante una entrevista de trabajo. Esto es tan importante como tener referencias sólidas y un currículo vitae pulido.

Al igual que cualquier otra interacción interpersonal, las entrevistas de trabajo podrían ser muy subjetivas. Los expertos han encontrado algunos errores comunes en las entrevistas que debe evitar para mejorar las posibilidades de tener una buena entrevista y causar una buena impresión.

No saber sobre la empresa

Debe acercarse a su entrevista de trabajo como lo haría con una prueba. Es esencial estudiar la empresa para la que está postulando para trabajar, de modo que pueda hablar sobre sus habilidades y conocimientos con respecto a ser una buena opción para el negocio.

Para destacar entre la multitud, investigue lo suficiente para que pueda hablar sobre su fusión reciente. Muestre que le apasiona la compañía y el papel.

No tener el conocimiento básico del rol que está solicitando o darles buenos ejemplos sobre su desempeño anterior hace que parezca que ha aparecido después de encontrar a la empresa en una búsqueda en Google.

A los entrevistadores les gusta hacer preguntas fundamentales sobre su interés en la empresa, sus habilidades y sus antecedentes, junto con por qué cree que sería una buena opción.

Como mínimo, lea sobre la compañía y prepare algunas anécdotas sobre algunos proyectos que ha completado con éxito.

También necesita conocer a su entrevistador. Esté preparado con información sobre la persona que realizará la entrevista. Puede descubrir que tiene un interés compartido sobre el que podrá hablar y establecer una buena relación. Incluso podría darse cuenta de que el entrevistador tiene conexiones con algunos de sus empleadores anteriores.

Además de estar completamente preparado, podría ayudar a calmar los nervios. Gane confianza siendo competente.

No ser usted mismo

Ahora no es el momento de ser humilde. Nunca suponga que el entrevistador recordará cada detalle de su currículo acerca de todos los objetivos de ventas que alcanzó o los premios que ganó. Se sabe que las mujeres desvían el crédito sobre sus logros y necesitan practicar hablar sobre sus talentos y calificaciones.

No hacer contacto visual

La comunicación es clave en una entrevista. Es crucial hacer contacto visual al hablar y cuando le hablan. Ofrézcales un apretón de manos firme y siéntese con una postura correcta. Aunque pueda estar nervioso, trate de no dejar que su energía nerviosa lo haga inquietarse.

Preguntas comunes y respuestas incorrectas

Las personas entrevistadas no deberían mencionar el salario de primero, ya que los pone en una posición débil para negociar. Sacarlo demasiado pronto puede dar al entrevistador la impresión de que solo le interesan las ventajas del trabajo. Guarde esto para después de que se le haya ofrecido el trabajo.

Debe estar preparado para hablar sobre el salario que espera en caso de que se toque el tema.

- La debilidad más grande

Cuando su entrevistador le pregunte acerca de su mayor debilidad, no le ofrezca una linda respuesta como, "Trabajo demasiado duro". En cambio, esto implica que usted no es completamente consciente de sí mismo o no los está tomando en serio o no puede tratarlos con una crítica constructiva

Tenga una respuesta honesta pero reflexiva junto con una explicación sobre cómo está trabajando para mejorar su mayor debilidad.

No hacer preguntas ni mostrar interés

Muchos entrevistadores dejarán tiempo hacia el final para responderle preguntas. Por lo general, saben que también los está examinando y quieren que sea una conversación bilateral. Esta también es una pequeña prueba. Las preguntas que haga revelarán cómo piensa y las cosas que son importantes para usted. Le mostrará que le importa lo suficiente y que le gustaría saber más.

Es una buena idea hacer preguntas durante la entrevista para mantener una conversación orgánica y fluida.

Rehusarse a hacer preguntas puede ser un error fatal, les dice que no está interesado en la empresa, o cree que ya sabe todo sobre ellos.

No preparar ninguna pregunta también les demuestra que no le importa, que no ha hecho ninguna tarea o que no tiene curiosidad. Si se congela y no puede pensar en una, use un viejo recurso como "¿Cómo es la cultura aquí?" O "¿Cómo se ve el éxito en este rol?"

Cuando terminan la entrevista y le preguntan si tiene alguna pregunta, puede responder con algo como: "Tengo muchas preguntas, y me temo que podría quedarme sin tiempo, así que simplemente iré".

Les mostrará que tiene un gran interés en la empresa.

- No preguntar sobre lo que viene después

Al final de la entrevista, si no le dan información sobre lo que viene después en el proceso, pregunte. Esto demuestra que está muy interesado y lo mantendrá informado.

Hablar mal de los empleadores anteriores

Nada muestra que tenga una mala actitud como criticar a su empleador pasado o actual. La persona que realiza la entrevista se preguntará si hablará de ellos o de la compañía si lo contratan o no.

Saliendo desesperado, arrogante o poco entusiasta

Nunca querrá ser demasiado fuerte, presumir hasta que comience a parecer arrogante y domine la conversación. Algunas personas que trabajan en marketing o ventas generalmente tienen personalidades fuertes y se hacen cargo de la entrevista. Examine al entrevistador, pero no puede hacerle saber que lo está haciendo, ya que será visto como un obsesionado por el control dominante.

- Hablar sobre los demás.

¿Le gustaría estar en un grupo de personas en donde uno de ellos habla por encima de todos los demás y se hace cargo de la conversación? Piense en una persona que se ajuste a esta descripción. Ahora, ¿le gustaría entrevistar a este tipo de persona? Lo más probable es que no.

Si habla demasiado, debe saber cuándo compartir la conversación y cuándo cerrar la boca. Si no lo hace, arruinará su entrevista sin siquiera darse cuenta. El problema es que la mayoría de las personas no saben cuando encajan en esta categoría.

- Hablar demasiado

Cuando comienza a divagar, pierde el tiempo del entrevistador y no podrá cubrir todo lo que quiere. Las habilidades de comunicación son excelentes para muchas posiciones, por lo que el entrevistador podría estar tratando de ver si puede hablar con brevedad y claridad.

Tómese el tiempo para escuchar la pregunta que están haciendo y deles tiempo para terminar su oración sin interrumpirlos. Nunca terminen sus oraciones por ellos. Cuando hable, observe el equilibrio que crea al hablar con ellos. Si no lo hace, su entrevista podría terminar abruptamente.

• Respuestas demasiado largas.

También puede arruinar su entrevista si da respuestas largas a preguntas simples. Esto es común con cualquier buscador de trabajo que tenga más de veinte años de experiencia. Tiene mucha experiencia, pero no pierda el interés de su entrevistador diciéndole cada cosa que haya hecho.

Muchos entrevistadores quieren contratar candidatos que trabajen bien en equipo. Quieren una persona que interactúe bien con los compañeros de trabajo y los clientes. Las personas que hablan demasiado no encajan en esta descripción, ya que muchas personas las ven como personas ocupadas, contundentes y poco confiables.

Una de las principales causas de la baja moral de los empleados y la rotación de empleados se remonta a una mala gestión. Los líderes deben dar ejemplos y mostrar respeto por sus empleados creando un entorno en el que sientan que se valora su opinión. Otros miembros del personal no recibirán conversadores constantes, ya que tienden a tener una visión unilateral de la forma en que las cosas deben funcionar y les cuesta validar las opiniones de los demás. Esto puede causar fricción en el lugar de trabajo.

Los gerentes de ventas son reacios a contratar conversadores, ya que no son favorecidos por la mayoría de sus clientes. ¿Por qué? A menudo imponen sus opiniones sobre ellos, les cuesta escuchar los puntos de vista de los demás y están demasiado concentrados en sus agendas. Podrían hacer que la empresa pierda clientes. Si está solicitando un puesto de ventas, debe escuchar este consejo. Tiene que demostrar que tiene habilidades de comunicación efectivas durante toda la entrevista.

- Momentos de silencio

No se inquiete durante los momentos de silencio, especialmente si hay un panel de entrevistadores. Los entrevistadores pueden estar pensando en su próxima pregunta, tomando notas o pensando en su última respuesta. En estos momentos, no necesita continuar hablando o comenzar a divagar sobre algo irrelevante.

Si su tendencia natural es hablar mucho o rápido, trate de hablar más despacio y haga una pausa para dar tiempo a otros para hablar. Tiene que practicar esto mucho incluso cuando salga con amigos o familiares. Recuerde: poder tener una buena conversación es saber escuchar y cuándo hablar.

- Mostrar poca energía

Este puede acabar con la entrevista. Esto es lo que parece: falta de entusiasmo, respuesta lenta a las preguntas, poco o ningún contacto visual y hombros caídos. Si desea el trabajo, mostrar estos signos hará que sea imposible persuadir a nadie para que lo contrate.

- Demasiado arrogante

No importa la cantidad de experiencia que tenga, lo atractivo que sea o su nivel de educación, si comienza a actuar como si fuera más importante o mejor que nadie, la mayoría de las veces, una compañía no lo contratará.

Es difícil darse cuenta de que puede ser arrogante si no puede humillarse y mirar con detenimiento su vida, su entorno laboral, su vida personal o sus amistades. Si se lo considera arrogante u orgulloso, la persona que realiza la entrevista también lo verá de esta manera. No hay nada malo en ser asertivo y confiado, pero ser dominante y egoísta terminará con la entrevista rápidamente.

No confunda confianza con arrogancia. Un líder seguro puede discutir sus logros y experiencias positivamente sin tener que menospreciar a otras personas. Saben que pueden lograr grandes cosas. No tienen que forzar ninguna atención sobre sí mismos, ya que pueden inspirar a otros simplemente siendo ellos mismos. Sorprendentemente, al final de la entrevista, es posible que también haya inspirado al entrevistador.

Los líderes arrogantes irritarán a un entrevistador. Les será difícil hablar sobre sus acciones. Piensan que su encanto e ingenio dominarán la entrevista, pero están muy equivocados. Intentar ser sutil no funciona para una persona arrogante. Los entrevistadores pueden ver fácilmente este defecto del personaje. Si se señala un área débil, como poca o ninguna experiencia, es difícil responder sin llegar a ser condescendiente o exagerar sobre los logros. Aquí hay una muestra:

Entrevistador: "Veo que tiene menos de dos años de experiencia en la dirección de un equipo global. Estamos buscando personas que tengan diez o más años de experiencia".

Solicitante: "No creo que necesite tener muchos años de experiencia liderando un equipo global para saber lo que está haciendo. He estado haciendo esto por menos de dos años, y mi equipo ahora lidera las ventas como resultado de algunos sistemas nuevos que he implementado. Ahora todos los gerentes que han estado haciendo esto durante muchos años acuden a mí en busca de asesoramiento".

Puede pensar que la respuesta del solicitante no tiene nada de malo, pero mire con atención. Su respuesta puede ser correcta, pero la entrega es completamente incorrecta. Parafraseando, le ha dicho al entrevistador que usted "no necesita mucha experiencia" y que "no saben de qué están hablando ya que soy el número uno, todos piden mi consejo y yo soy el chico nuevo del vecindario". Aquí hay una mejor manera de responder la pregunta:

Entrevistador: "Veo que tiene menos de dos años de experiencia en el liderazgo de un equipo global. Estamos buscando personas que tengan diez o más años de experiencia".

Solicitante: "Sí, eso es cierto, y he aprendido mucho durante este tiempo. Estoy muy contento de ver que mi división ahora lidera la región en ventas en poco tiempo. Respeto mucho a los otros gerentes experimentados que han estado haciendo esto durante mucho tiempo, y me alegra que ahora me pidan mi consejo para conocer algunos sistemas que mi equipo y yo hemos implementado".

¿Puede ver la diferencia? Este segundo dice lo mismo pero tiene un equilibrio de humildad y confianza que hará que al entrevistador le guste más la persona. Dicen lo mismo sin ser arrogantes. También respetaron a otros trabajadores que tienen más años de experiencia. En lugar de asumir la propiedad completa del éxito y el nuevo sistema, también dieron crédito a su equipo.

Aquí hay algunas respuestas que debe evitar:

1. Presumir su respuesta

Está bien venderse y convencer al entrevistador de que es la mejor persona para el trabajo, pero debe evitar exagerar su logro. Nunca haga que un entrevistador se sienta mal cuando hace una pregunta obvia.

Es posible que le pregunten si tiene alguna experiencia en marketing, y usted responde con risas y dice: "Eso es todo lo que he hecho durante los últimos diez años". Comprenda que todos los entrevistadores son profesionales, si los hace sentir inadecuados, la entrevista habrá finalizado.

2. Respuesta "yo"

Si siempre que comience una oración con "Yo" en lugar de "nosotros" o "nuestro", está haciendo más daño que bien. Cuando se usa en exceso la palabra "yo", se puede interpretar como "me gusta tomar el crédito por todo". Comience a tener cuidado con esto si está siendo entrevistado para un trabajo que es parte de un equipo.

3. Respuesta del profesor

Si alguien le ha dicho que responde como si fuera condescendiente o dando una conferencia, usted debe trabajar en sus habilidades de presentación. Esto sucede cuando las personas que tienen grandes egos dan respuestas largas y complicadas en lugar de respuestas breves.

Estas personas se complacen cuando explican detalles complejos e intrincados sobre sus trabajos. Si esto suena como usted, intente trabajar en su tono, simplifique sus respuestas y alivie la actitud. A los entrevistadores no les gusta sentir que escuchan una conferencia.

• Llegar tarde a la entrevista.

Debido a que los candidatos para un trabajo generalmente tienen entrevistas con diferentes gerentes que están programados uno tras otro, pueden suceder dos cosas si usted llega tarde: su primera entrevista puede ser interrumpida o puede interrumpir el horario de otro entrevistador. Ninguna de las dos será buena para usted porque molestará a muchas personas o acortará el tiempo de su entrevista.

• Olvidar hacer un seguimiento.

Muchas personas olvidan la regla básica de las entrevistas: haga un seguimiento por correo electrónico un día después para agradecerles por la entrevista, su tiempo y demostrar que está muy interesado en el papel. Si no lo hace, el gerente de contratación podría pensar que no está organizado o interesado. Quizás se olviden de usted.

• Llegar muy temprano

Mirando desde otro punto de vista, llegar a la entrevista demasiado temprano también puede hacer enojar al gerente de contratación porque interrumpe su agenda. Es una buena idea llegar diez minutos antes para pasar el control de seguridad (si lo tienen) y registrarse con la recepcionista. Le da tiempo para usar el baño, prepararse para la entrevista y componerse. Es un gran error llegar quince minutos antes de la entrevista.

- Hacer preguntas personales

Algunas personas se ponen tan nerviosas que olvidan la etiqueta y se vuelven demasiado personales con sus preguntas. Nunca le pregunte a un entrevistador por qué dejó su trabajo anterior por el actual, dónde ha trabajado, ni ningún detalle sobre su familia. Estas preguntas pueden hacer que el entrevistador se sienta incómodo y no le muestre nada sobre usted.

- Seguimiento agresivo

Sí, es vital que realice un seguimiento, pero no debe enviar varios correos electrónicos ni llamar al entrevistador. Es muy incómodo recibir una llamada de alguien que exige saber por qué no ha recibido noticias suyas. Envíeles un correo electrónico y continúe con su vida. Cualquier cosa más de un correo electrónico es demasiado.

- Enfocarse en sí mismos

Si observa las cosas desde la perspectiva del empleador, se supone que la entrevista de trabajo los ayudará a determinar si usted será o no una buena opción para las necesidades de la empresa. Esto significa que sus respuestas deben centrarse en cómo la empresa se beneficiará de su experiencia y cómo se beneficiará de tener el trabajo.

Hablar una y otra vez sobre lo que quiere, cómo este trabajo es la dirección correcta para su carrera y cómo esta experiencia será excelente para usted no tiene sentido para la persona que realiza la entrevista.

Las empresas no lo contratan para ayudarlo, lo contratan porque usted tiene habilidades que los ayudarán a alcanzar sus objetivos. Sus respuestas mostrarán cómo puede ayudar a la empresa.

Use un tono amigable, pero asegúrese de no cruzar la línea compartiendo demasiada información. Recuerde: no sabe cómo reaccionará el entrevistador cuando le cuenten sobre sus travesuras de fin de semana. Solo cuenta con un tiempo limitado, por lo que debe concentrarse en sus logros y las necesidades de la empresa.

• El uso de su teléfono celular

Incluso si solo está viendo qué hora es, mirar su teléfono celular puede mostrarles que se distrae fácilmente o que es grosero. Antes de entrar en la entrevista, apague los dispositivos y guárdelos. Es posible que esté acostumbrado a tomar notas con su teléfono, pero durante una entrevista de trabajo, use un cuaderno.

• Ser efusivo

Nunca felicite en exceso a la empresa o al entrevistador. Puede comenzar a sonar falso.

• Enojarse o desesperarse

Tener estos rasgos es muy poco atractivo para los entrevistadores. No importa cuán fuertemente odie su trabajo actual o cuán desesperado esté por conseguir un nuevo trabajo, tiene que mantener sus emociones bajo control durante una entrevista.

Mentir para conseguir el trabajo

¿Le gusta a usted que le mientan? Por supuesto no. Y a la persona que lo entrevista no le va a gustar tampoco. Decir que está calificado para algo cuando no lo está causará grandes problemas en su futuro. Esto nunca sale bien. Cuando la compañía descubra la verdad, y seguro lo harán, será despedido.

Los gerentes de recursos humanos experimentados están muy familiarizados con prácticas engañosas como logros inexactos, salario incorrecto, educación imprecisa, conjuntos de habilidades engañosas, títulos de trabajo incorrectos, fechas de empleo exageradas y listados de empresas falsos.

Muchas personas desperdician oportunidades laborales maravillosas porque decidieron mentir en su currículo, durante la entrevista o en la solicitud de empleo. Muchos se saldrán con la suya, y la mayoría de los departamentos de recursos humanos no pueden investigar a todos los solicitantes, pero si hace esto continuamente y hace nada para cambiar, lo más probable es que algún día tenga que enfrentar la verdad. Es posible que no obtenga el trabajo o lo pierda después de haber sido contratado si mintió durante el proceso de solicitud.

Piense en cómo se sentiría recibir una llamada telefónica de su entrevistador después de que hayan obtenido su verificación de antecedentes y le digan que sus fechas de empleo son incorrectas y que no pueden ofrecerle el trabajo por eso.

Otro ejemplo de mentira es redondear o aumentar su salario por hora. Si gana 17,30$ por hora, no se sienta tentado a registrarlo como 18$ por hora. Esto también se aplica a los empleados que tienen un salario. Si gana 53.000$ anuales y recibe un bono de 10.000$, no registre su salario base anual como 63.000$.

Su mejor enfoque es siempre la honestidad. Utilice las habilidades laborales y la experiencia como herramientas de negociación en lugar de una escala salarial exagerada para ajustar los ingresos. Además, use sus comisiones y estructura de bonificación como una forma de negociar una oferta de trabajo.

Solo recuerde que el engaño y la mentira no solo dañarán su credibilidad, sino que pueden hacer que pierda su trabajo. En muchos casos, como en puestos ejecutivos, las referencias no se pueden hacer hasta que el empleado haya dado su aviso para dejar su trabajo actual. ¿Se imagina darle a su empleador actual su aviso y luego darse cuenta de que su posible empleador ha quitado la oferta de trabajo? Esto sucede con más frecuencia de lo que la mayoría de las personas se cree.

Aquí hay un ejemplo de lo que mentir sobre sus habilidades podría hacerle a su futuro:

Un hombre va a una entrevista de trabajo y le dice a su potencial empleador que es un experto en programación. Para ser sincero, su conjunto de habilidades es solo en el nivel principiante a intermedio. Lo contratan y le dan el puesto de gerente de programación. Le ofrecen un salario anual de seis cifras. Renuncia a su trabajo actual, compra una casa, se casa con su novia de mucho tiempo y piensa que la vida es fantástica.

En un mes, es despedido de su puesto porque su empleador descubre que no sabe mucho sobre una habilidad de programación en específico donde había mencionado que era un experto.

El hombre pensó que podía engañar a su empleador diciendo las palabras correctas para terminar la entrevista. Sin embargo, una vez que tuvo que hacer la tarea frente a su jefe, finalmente admitió que no sabía cómo ejecutar el programa. Por lo tanto, perdió su trabajo.

Debe recordar ser honesto sobre la información que proporciona a los posibles empleadores para evitar circunstancias desafortunadas y embarazosas.

Nunca mienta, es así de simple. Si no obtuvo ese título porque perdió una clase, no diga que tiene los requisitos de educación. Si no tiene una habilidad específica, no mienta y corra el riesgo de exponerse. Permanezca veraz y confíe en la entrevista. Sepa que fue contratado porque se representó a sí mismo sinceramente y están obteniendo todo lo que dijo que era.

Verse desarreglado

Muchas personas formarán una opinión sobre usted en los primeros siete segundos de conocerlo. Eso no significa que tenga que usar un traje o vestido de diseñador para una entrevista de trabajo para un puesto ejecutivo o gerencial, sin embargo, necesita saber algunas cosas sobre el clima corporativo y la cultura de la compañía antes de buscar en su armario y tomar ese traje o vestido que se adapte perfectamente.

Para algunos, esto no será un gran problema, ya que saben cómo vestirse para las entrevistas dentro de su industria. Pero sepa que todos los empleadores e industrias no son iguales. Lo que podría ser aceptable en un entorno podría ser un gran error en otro.

Vestirse demasiado elegante puede hacerlo resaltar y arruinar cualquier posibilidad de ser contratado. ¿Qué cree usted que pasaría si entra a un taller de máquinas con un traje hecho a medida para una entrevista? No se verá bien porque la mayoría de las personas en el lugar lo mirarán como si tuviera miedo de "ensuciarse las manos".

Es imprescindible conocer la cultura y el clima de una empresa antes de decidir cómo vestirse. Es lamentable que a las personas les guste criticar, pero lo hacen. No quiere que se molesten solo por la forma en que usted se viste.

Aquí hay un ejemplo de vestirse demasiado bien:

Al principio de la carrera de un reclutador, el reclutador aconseja a una mujer, que está a punto de entrevistarse para un puesto directivo, que use un vestido bonito. El reclutador piensa que la mujer se ve muy bien y está vestida apropiadamente. Más tarde ese día, el entrevistador llama al reclutador y le dice que no está seguro de que la mujer sea la adecuada para la empresa. Dicen que su compañía es muy relajada y que estaba demasiado vestida. Nadie podía dejar pasar lo bien que se había vestido. El entrevistador también le dice al reclutador cómo sus clientes también se relajan y prefieren un gerente que no aparente ser un brillante representante de ventas.

El reclutador está desconcertado, tienen mucha experiencia y confiaban en que la mujer era perfecta para el trabajo. No pueden creer que la compañía esté descartando a una candidata perfecta solo por la forma en que estaba vestida. No tiene ningún sentido. El reclutador intenta de todas las formas posibles cambiar la opinión de la empresa. Les recuerdan toda la experiencia que tiene la mujer, pero nada los convencerá de lo contrario. No pueden mirar más allá del vestido, los zapatos de charol, el maletín de diseñador, etc. La mujer había dado lo mejor de sí misma pero, desafortunadamente, fue rechazada porque la compañía no podía relacionarse con ella. Se formaron una opinión de ella en solo segundos, y ninguna cantidad de experiencia los hará cambiar de opinión.

¿Fue justo este ejemplo? ¡No! Sin embargo, este es el mundo en el que vivimos. Cuando esté entrevistando para empleos, recuerde que las personas contratarán a alguien que les guste y con el que puedan identificarse.

Ahora, eso no significa que deba usar jeans y una camiseta en una entrevista para un puesto directivo. Sin embargo, puede moderar su atuendo con una camisa de vestir, pantalones y quizás una chaqueta. Dicho esto, hablemos de vestirse demasiado provocativa para una entrevista.

Esto se está convirtiendo en un gran problema que nadie aborda. Los entrevistadores no le dirán que su falda es demasiado corta, que su blusa está demasiado baja o que su ropa le queda muy ajustada, por lo menos no a la cara.

Una vez que abandona la entrevista, usted cree que se volvieron locos, pero no se da cuenta de que la entrevista terminó al momento que entró a la habitación. No se haga esto a sí misma. Vístase con modestia y permita que la persona que realiza la entrevista se concentre en usted, su currículo vitae y su experiencia para que puedan ver lo genial que es.

Una cosa más: no exagere con las colonias y los perfumes. Sí, pueden oler de maravilla, pero los olores fuertes pueden distraer. Además, algunas personas pueden ser alérgicas a ciertos olores.

Todo el mundo sabe que no debe juzgar un libro por su portada, pero los entrevistadores lo harán. Si se presenta a una entrevista con aspecto desaliñado o demasiado informal, causará una mala impresión incluso antes de que tenga la oportunidad de presentarse.

Cuando tiene aspecto profesional, muestra que le importa la entrevista y estás tratando de dar lo mejor de usted. Demasiadas personas van a una entrevista con ropa manchada, arrugada y, en general, que no le queda bien. No es necesario que parezca que salió de las páginas de una revista, pero debe seleccionar su atuendo con cuidado, arreglarse el cabello y mirarse en el espejo antes de ir a la entrevista.

Olvidar su currículo

En un mundo perfecto, el entrevistador tendrá su currículo listo, pero los días de todos están ocupados y no todos pueden estar súper organizados. Esto significa que siempre debe tener una copia para cada persona que cree que conocerá, además de algunos extras en caso de que obtenga otra entrevista. No solo es útil, sino que demuestra que usted está preparado y reflexivo.

No está disponible durante el horario comercial

Puede ser difícil incluir una entrevista de trabajo en su horario si todavía está trabajando a tiempo completo. Sin embargo, el entrevistador quiere hacer las entrevistas durante sus horas de trabajo, por lo que debe estar preparado para tomarse un día libre si es necesario.

Ser grosero

Debe tratar de causar una buena impresión con todos los que conozca. No sabe de quién será la opinión que tendrá en cuenta durante el proceso de contratación.

Debe ser amable con todos porque muchas personas en funciones de gestión le preguntarán al encargado del estacionamiento, a la recepcionista y a los clientes si fue respetuoso con ellos.

Hablar de actividades ilegales

Este no es el momento de hablar sobre sus pasatiempos o uso de drogas recreativas que podrían violar las políticas o leyes de conducta del empleador.

Hablar de la entrevista en las redes sociales

Nunca publique nada que no quiera que su potencial nuevo empleador vea. También podría terminar informando a su empleador actual sobre cómo está buscando un nuevo trabajo.

Malas entrevistas

Una vez que la hayan pedido que se presente en una entrevista, puede sentirse genial. Y los es. Es el primer paso para adquirir el trabajo de sus sueños. Sin embargo, para los entrevistadores, es solo un día más de trabajo. Los entrevistadores suelen realizar cientos, posiblemente miles, de entrevistas cada año. No estar preparado para la entrevista puede ser el "beso de la muerte" para muchos.

Esto no es para desanimarlo ni sugerir que a las personas que realizan la entrevista no les importe. El punto principal es que pasan por este proceso mucho más que usted. Cuando usted responde de forma emocionante, única o pensada, es posible que ya ellos lo hayan escuchado muchas veces en solo una semana. Si desea destacar, debe evitar las respuestas cliché y profundizar en la información que está buscando.

Hay muchas maneras en que puede arruinar una entrevista. Las peores respuestas pueden mostrarle entrevistador los defectos de su preparación, actitud e interés en las calificaciones para hacer el trabajo. También podrían mostrar que no puede trabajar bien con otros o que tiene una mala ética de trabajo.

¿Qué respuestas podrían ser las más ofensivas? Algunas de las respuestas dan miedo y otras son divertidas. Sería mucho mejor prepararse y mantenerse alejado de dar cualquiera de estas respuestas durante su entrevista de trabajo. Hablamos con muchos entrenadores profesionales, expertos en recursos humanos, reclutadores y otros expertos para conocer su opinión.

Estas respuestas a las preguntas típicas de la entrevista de trabajo muestran una falta total de preparación o la no comprensión de cómo tener una entrevista exitosa. En cualquier caso, los resultados siempre serán los mismos: una oportunidad perdida. Estas son algunas respuestas para evitar, pase lo que pase:

P: ¿Cuénteme sobre usted?

R: Detalles sobre sus defectos profesionales, historial médico o detalles sobre su vida familiar.

"No hay mucho que contar".

"Soy un músico de rock. Soy baterista Nuestro agente renunció y no tenemos conciertos para el resto del año. Estamos buscando un nuevo agente, y espero volver a eso pronto. Eso es lo que hago."

"Soy un gran fanático de los Yankees, un ávido jugador de softball, y tengo el don de la charla. Normalmente soy la vida de todas las fiestas".

P: ¿Cuáles son sus mayores fortalezas?

R: "Soy bueno para trabajar en equipo".

"No lo sé, pero aprendo bien".

"Hago un buen trabajo".

"Soy el mejor."

P: ¿Qué sabe sobre la compañía?

R: Evite darles una respuesta directa.

"Escuché que pagan bien".

"Tiene un puesto vacante".

Detalles visibles como la industria.

P: ¿Por qué deberíamos contratarlo?

R: "Parece un trabajo divertido".

"Soy la mejor persona para el trabajo".

"Soy muy trabajador."

"Soy genial con la gente".

"Necesito un empleo."

"Necesito dinero."

"Nadie más me contratará".

"Estoy desesperado."

"Soy desempleado."

"No lo sé."

P: ¿Cuáles son sus debilidades más significativas?

R: "No soy bueno con la versión más reciente de Microsoft Office".

"No puedo hacer hojas de cálculo".

"No me gusta tratar con personas difíciles".

"No tengo ninguno".

"Tengo mucho, es difícil elegir solo uno".

"No deletreo bien".

"Soy perfeccionista".

"Trabajo demasiado duro".

"No se me ocurre ninguno".

"Se sabe que pierdo la paciencia con personas incompetentes".

P: ¿Cuénteme sobre su último trabajo?

R: "Tiene mi currículo allí mismo, ¿no lo leyó?"

P: ¿Por qué quiere trabajar aquí?

R: "Necesito un trabajo".

"Mi madre dijo que tenía que conseguir un trabajo".

"Escuché que ofrecen grandes descuentos a los empleados".

"Me veo genial en uniforme".

"Puedo caminar al trabajo desde donde vivo".

P: ¿Por qué es usted el candidato adecuado para este puesto?

R: "Me apasiona".

P: ¿Dónde se ve usted en cinco años?

R: "Todavía en este trabajo".

"Haciendo su trabajo".

"Odio esta pregunta".

P: ¿Cuál es su mayor fortaleza?

R: "Soy Bueno para trabajar en equipo"

P: ¿Tiene alguna pregunta para mí?

R: "¿Cuánto es el descuento para empleados?"

"¿Cuánto tiempo de vacaciones tengo?"

"No tengo ninguna pregunta".

"¿Tengo que trabajar horas extras?"

"No."

"¿Le gustaría salir a tomar una copa?"

"¿Hay un límite de cuánto puedo comprar?"

"¿Puedo revender?"

"¿Me pagan días de permiso? ¿Cuántos recibo cada mes?

"¿Con qué frecuencia recibiré aumentos?"

"¿Realizan verificaciones de antecedentes?"

"¿Verifica las referencias?"

"¿Tengo que pasar una prueba de drogas antes de ser contratado? ¿Cuánto tiempo me avisa antes de la prueba?

P: ¿Trabaja usted bien con los demás?

R: "Trabajo bien con la mayoría de la gente, pero otros me molestan mucho".

R: "Mis compañeros de trabajo no les gusto, pero creo que es porque los intimido".

P: ¿Por qué solicitó este puesto?

R: "Lo vi en las listas de empleos y me pareció interesante".

P: ¿Por qué lo despidieron?

R: "Perdí demasiados días".

"Fallé una prueba de drogas".

P: ¿Qué es lo que menos le gustó de su posición anterior?

R: "Odiaba el trabajo y la compañía. Fue horrible trabajar allí".

Buenas entrevistas

Tal vez se pregunte qué pasos puede tomar para tener una excelente entrevista de trabajo. Bueno, ha elegido el libro correcto. Este capítulo lo guiará a través de todo el proceso desde la preparación, el día de la entrevista, las preguntas que se pueden hacer y la espera después de la entrevista.

Aquí hay un secreto que podría ayudarlo a relajarse un poco: las personas que realizan la entrevista realmente quieren que lo haga bien. No es fácil para ellos encontrar a la persona perfecta para el trabajo. Mejorará su día si termina siendo la persona que están buscando.

Por lo tanto, para prepararse, en lugar de mirar al entrevistador como alguien que está tratando de "molestarlo", será útil que piense en ellos como una persona que lo está animando. Eso no significa que algunos de ellos no intenten hacerle tropezar, pero con los consejos que le daremos a continuación, estará listo para ellos.

Preparándose para la entrevista

¿Qué debe hacer para tener una excelente entrevista de trabajo? Aquí hay algunos consejos que le ayudarán.

Recuerde que el éxito comienza incluso antes de que entre por la puerta.

1. Revise la descripción del trabajo cuidadosamente

Busque todo lo que no entienda. Esto le ayuda a asegurarse de responder a todas sus necesidades.

2. Tomar notas

Escriba algunas notas usando la descripción del trabajo y el currículo. Piense en algunas historias relacionadas con el trabajo que está solicitando o en otro lugar si cree que le ayudará a expresar su opinión.

Puede usarlos para mostrarle al entrevistador trabajado para resolver un problema, crear un nuevo método, superar debilidades, ayudar durante una situación crítica o ayudar a alcanzar un resultado exitoso. Es posible que no tenga que usar todas las historias que conoce, pero es inteligente tener algunas en caso de que las necesite.

3. Investigue a la empresa

Si no buscó a la compañía antes de solicitar el trabajo, debe hacerlo ahora. No hay nada menos impresionante que conversar con alguien sin saber nada sobre la compañía. Si es posible, busque información sobre la persona que lo entrevistará. Use esta información con moderación, o podría parecer que la está acosando. Use GlassDoor.com o LinkedIn para ayudar con la investigación. Pueden darle algunas ideas geniales.

4. Practique

Responda las preguntas de entrevista más populares que encontrará más adelante en este capítulo para ayudarlo. Haga esto frente a un espejo o haga que un amigo le haga algunas entrevistas simuladas.

Debe sentirse cómodo hablando de usted y de todas las cosas que ha logrado y que puede aportar a la empresa. Trate de no sonar como si estuviera presumiendo o que es demasiado consciente de sí mismo.

Sea usted mismo y recuerde que simplemente está teniendo una conversación con otra persona.

5. Conozca su currículo

Se sorprendería de la cantidad de personas que tartamudearon cuando se les preguntó sobre una experiencia la cual mencionaron en su currículo. Es sorprendente entrevistar a alguien que no puede recordar lo que ha mencionado en su currículo o cuando aprendió una habilidad específica.

El día de la entrevista

1. Apague su celular

Esto es fácil de olvidar, pero no es necesariamente un factor decisivo. Puede que solo para algunos, pero es molesto. Trate de recordar apagarlo o dejarlo en su automóvil o cartera.

2. Vístase de forma profesional

Haga coincidir su aspecto con lo que sabe sobre la empresa y lo que requieren. Búsquelos en línea o visite la empresa para ver cómo se visten sus empleados. Sin embargo, si permiten vestimenta informal como camisetas y jeans, no lo use en la entrevista. Use un par de pantalones bonitos o una falda junto con una camisa de vestir y una chaqueta. Un traje sería demasiado formal.

No exagere: alta costura (incluso si este es el tipo de trabajo, no trate de sorprenderlos), vanguardista, casual, elegante o sexy (encubra los activos). Menos es siempre más aquí.

3. El currículo vitae

Siempre traiga copias adicionales de su currículo. A los profesionales sí se les pueden extraviar las cosas.

4. Sentirse nervioso

Si comienza a sentirse súper nervioso antes de salir para su entrevista, intente hacer algo de ejercicio. No se esfuerce al máximo, especialmente si sabe que no tendrá tiempo para ducharse. Cantar o algunos simples saltos pueden ayudar a eliminar los nervios. Los nervios son muy normales y están bien, ya que los nervios pueden canalizarse hacia otra energía.

La meditación o el yoga también pueden ayudar. Creer en sí mismo y estar preparado es la mejor medicina.

5. Mientras espera

Mientras esté sentado en la sala de espera, no apoye los pies en sillas o mesas, no sorba su café, no se maquille, no tararee, no revise su tableta o teléfono, no mastique chicle o, en serio, tenga a sus padres o hijos con usted. Es sorprendente con qué frecuencia sucede esto.

Tiene que estar preparado para esperar pacientemente, sin importar cuánto tiempo. Lucir tan energizado y agradable como sea posible. Aproveche este tiempo para pensar sobre sus historias y cómo su experiencia encajará con la empresa. Observe todo lo que pueda durante este tiempo porque está tratando de decidir si también quiere trabajar aquí.

6. La recepcionista es una gran aliada.

Al menos no debería tratar de sabotearlo. Tal vez se pregunte cómo es esto importante, pero le recuerdo un hecho importante: lo que sale de su boca es solo una parte del proceso de la entrevista, las primeras impresiones son una gran parte de la entrevista.

La entrevista no comenzará cuando la persona que hace la entrevista entre a la habitación y le dé la mano. Tampoco termina cuando usted sale de su oficina. Cualquier persona en cualquier paso de este proceso puede compartir información sobre usted. Sea amable con todos.

7. Permanezca positivo

No importa el contexto, manténgase siempre sensato y positivo durante el proceso de la entrevista. Enojarse o molestarse por cosas pequeñas o triviales, como que el entrevistador no le sonríe, no le hará ningún favor. En cambio, terminará con sus posibilidades de conseguir el trabajo.

Lo que no debe decir

1. Mire al entrevistador a los ojos

Cuando el entrevistador entre en la habitación, mírelo a los ojos, sonría y estreche la mano. Al estrechar las manos, no intente el agarre mortal, solo un buen apretón firme. Diga algo agradable.

2. Nunca mienta

Nunca mienta, incluso si tiene que admitir que no sabe algo. Si es aplicable, muestre interés en aprender cosas nuevas. Puede decirle al entrevistador que ha comenzado a investigarlo y añadirá sobre lo que acaba de preguntar. Esto demuestra que está realmente interesado. Un buen empleador no espera que lo sepa todo.

3. Nunca use respuestas genéricas

Cuando esté en una entrevista, confíe en que ha hecho todo lo posible hasta ese momento. Responda con sus palabras y asegúrese de haber escuchado correctamente lo que preguntaron. Las personas que buscan un trabajo se prepararán en exceso hasta el punto de poner una respuesta genérica a una pregunta que no se hizo.

Esto nunca es una buena idea. Le dice al entrevistador que no está escuchando. Recurra a sus historias, pero sea conversacional. Demasiadas palabras memorizadas perderán la conexión humana que estás tratando de construir.

4. Nunca diga que no tiene preguntas para ellos

Nunca le diga que no tiene ninguna pregunta para ellos. Prepare algunas preguntas por adelantado. Siéntase libre de tomar algunas notas y usar las cosas que aprendió durante la entrevista para encontrar una pregunta. Esto gana grandes puntos.

Para la pregunta final, si siente que las cosas han ido bien, hágales saber lo interesado que está y pregúnteles cuándo podrían volver a ponerse en contacto con usted.

5. Manténgase alejado de los chistes

Los chistes pueden caer mal a veces. El humor está bien si se siente bien y si el entrevistador es divertido. Siéntase libre de reírse de sus bromas. Nunca, nunca, haga una risa falsa. La podrán descubrir. Haga una pequeña risa o una sonrisa.

Ganar una entrevista

1. Mírelo a los ojos

Cuando ingrese a la entrevista, estreche la mano del entrevistador y sonría. Nunca le dé la mano como si estuviera tratando de arrancarle la mano. Solo algo firme y amigable.

2. Use historias de la vida real

Usted ha investigado a la empresa. Ha leído la descripción del trabajo. Asegúrese de que su experiencia e historias coincidan con lo que la empresa está buscando. Dígale cómo ha resuelto los problemas.

3. Practique

Antes del día de su entrevista, revise las preguntas básicas de la entrevista con alguien de su confianza.

4. Más de un entrevistador.

Si hay más de una persona en la sala mientras está siendo entrevistado, dirija la respuesta a la persona que hizo la pregunta. Asegúrese de hacer contacto visual con todas las personas en algún momento.

5. Hable claro

Hable a un ritmo normal de conversación. Recuerde respirar.

6. Mantenga contacto visual

Mantenga el contacto visual, mantenga la energía y escuche. Si se da cuenta de que está empezando a pensar con anticipación sobre cómo responder, o lo que podrían preguntarle, deténgase. Va a perder más de lo que puede ganar intentando adelantarse. Confíe en sí mismo y manténgase en el momento. Haga una conexión y muéstrele que usted será un activo para su equipo.

7. *¿Todavía nervioso?*

Si todavía se siente un poco nervioso, está bien mencionar que está nervioso si cree que podría ayudar a deshacerse de algunas de las molestias. El entrevistador espera nervios. Agregue algunas palabras sobre lo emocionado que está por la oportunidad. Manténgase breve y siga adelante y responda sus preguntas.

8. *Cuando la entrevista termine*

Recuerde sonreír y estrechar la mano una vez que termine la entrevista. Dar la mano a todos en la sala y agradecer a cada persona.

Después de la entrevista

1. *Nota de agradecimiento*

Algunas personas dicen que esto no es importante. Puede que no sea así en muchos casos, y probablemente no va a cambiar sus posibilidades. Sin embargo, si envía uno, hágalo corto y agradable. Dejará una gran impresión. El correo postal es excelente, pero el correo electrónico también está bien.

2. *Seguimiento*

Una vez que termine la entrevista, el tiempo que espera para escuchar si ha tenido éxito pondrá a prueba la paciencia de la persona más segura y enérgica. Puede tomar un día, o incluso meses, saber de ellos, incluso si usted fuera su primera opción como candidato. Incluso en las mejores circunstancias, podría ir más allá de lo que le dijeron que haría, especialmente si más de una persona está tomando las decisiones.

Aquí es cuando necesita continuar buscando y buscando cosas para mantenerse ocupado. Una vez que hayan pasado un par de semanas y aún no haya tenido noticias de la empresa, está bien llamar y preguntar sobre su estado. Hágales saber que todavía está interesado. También puede preguntar si hay algo más que pueda darles para facilitar su decisión.

Por lo general, nunca se olvidan. Incluso si no hizo un seguimiento o no les envió un agradecimiento, si usted es el mejor candidato, lo contactarán.

Cómo mejorar sus habilidades en una entrevista

La mejor manera de mejorar sus habilidades es hacer entrevistas de práctica. Pídale a un amigo que finja que lo están entrevistando. Tampoco les permita hacerlo fácil. Hágalo tal como en una entrevista real. Grábese para poder verlo más tarde.

Preguntas frecuentes

El número de preguntas que puede hacer su entrevistador podrían ser ilimitadas. La siguiente es una lista de las preguntas más frecuentes y cómo puede responderlas de una manera que lo haga más memorable. Incluso las preguntas básicas pueden tener respuestas inteligentes.

Tómese el tiempo para leer todas estas preguntas y reflexionar sobre ellas detenidamente. Piense en cómo respondería si se lo pidieran. Estar preparado es la clave del éxito. No estar preparado es un grave error, le muestra al empleador potencial que no tiene ningún interés. Prepare sus respuestas a estas preguntas comunes:

• Hábleme sobre usted

Esta no es una pregunta, sino una invitación a compartir cosas sobre usted que considere importantes. Hable acerca de por qué trabajó en ciertos trabajos. Diga por qué los dejó. Explique por qué fue a cierta escuela y escuela de posgrado. ¿Cuáles fueron sus razones detrás de esto? Explique por qué viajó de mochilero por Europa durante un año y qué aprendió de la experiencia. Mientras responde las preguntas, conecte los puntos en su currículo para que el entrevistador pueda comprender no solo lo que ha hecho sino por qué lo hizo. Esta es su oportunidad de mostrar que es diferente a los otros candidatos.

- ¿Cuáles son sus debilidades?

Todo el mundo sabe la forma de responder a esto: elija la debilidad y mágicamente conviértala en una fortaleza.

Aquí hay un ejemplo de respuesta: "Mi mayor debilidad es estar demasiado absorto en mi trabajo que pierdo toda noción del tiempo. Cada día miro hacia arriba y me doy cuenta de que todos los demás se han ido a casa. Sé que debería ser más consciente del reloj, pero cuando amo lo que estoy haciendo, no puedo pensar en otra cosa".

Esto significa que su mayor debilidad es que dedica más horas que todos los demás. Eso es genial, sin embargo, una mejor manera de abordar esto es elegir una debilidad real que intente mejorar y decirle al entrevistador qué ha estado haciendo para superarla. Nadie es perfecto, pero si puede demostrarles que está sinceramente dispuesto a mirarse a sí mismo y encontrar formas de mejorar, se acercará bastante.

- ¿Dónde se ve usted en cinco años?

A su entrevistador no le importa que quiera ser supervisor y ascender en la escala corporativa. Si no está siendo entrevistado para un puesto de supervisión, a ellos no les importan sus habilidades de gestión. Puede decirles cómo ha dirigido a otros y dirigido proyectos sin supervisión. Eso les demuestra que tiene habilidades de liderazgo.

Podría decirles algo así como que en cinco años podría tener un gran impacto en el futuro de la empresa. Piense en formas en que puede hacer esto en el puesto para el que está siendo entrevistado. Si está siendo entrevistado para una carrera en tecnología, también necesita avanzar sus habilidades aquí. También debe compartir las áreas que necesita fortalecer. Asegúrese de que estas áreas de especialización sean lo que la empresa necesita.

• ¿Cuáles son sus puntos fuertes?

No estoy seguro de por qué los entrevistadores insisten en hacer esta pregunta, ya que están mirando su currículo y ya muestra sus puntos fuertes. Sin embargo, si le hacen esta pregunta, dele una respuesta exacta y precisa. Sea preciso y claro. Si usted es excelente para resolver problemas, no les digas eso, en cambio, deles algunos ejemplos que puedan demostrar que es excelente para resolver problemas. Si usted es un líder inteligente y emocional, tampoco les digas eso, en cambio, deles algunos ejemplos que demuestren que sabe cómo responder a sus preguntas no formuladas.

No pretenda tener atributos específicos, tiene que demostrarles los atributos.

• ¿Porque deberíamos contratarlo?

Esta es una pregunta de diferenciación. Quieren que le diga que estarían locos por no contratarlo.

Hágales saber que posee casi toda la experiencia que están buscando y que tiene algunas habilidades adicionales que todavía no saben que necesitan. Hágales comprender que usted es una persona que no solo satisfará sus necesidades, sino que será un activo valioso para el futuro.

¿Necesitarán un conjunto diferente de habilidades a medida que la empresa crezca?

Es posible que tenga habilidades que vio en una descripción de trabajo diferente que quieren llenar.

Puede mencionar esto, y podrían permitirle ayudar con algunos de esos trabajos hasta que encuentren a alguien para contratar para ese puesto o usted podría ser el respaldo en caso que el nuevo empleado falle.

¿Ha hecho algunas cosas que apenas están comenzando? Tener estas "habilidades" para ofrecer es una gran ventaja para cualquier candidato de trabajo.

- ¿Cómo lo describen los demás a usted?

Aquí hay otra oportunidad para diversificarse. Todos dicen que son buenos trabajando en equipo, buenos comunicadores y trabajadores duros.

¿Cuántos son líderes en su industria, se maneja por las reglas y solucionan problemas?

Sea creativo y tenga historias que contar. Su entrevistador quiere saber por qué alguien piensa que usted es cualquiera de los anteriores.

Desea darles atributos que les demuestren que usted es el destinatario sin importar dónde trabaje. Incluso las respuestas normales se pueden ajustar para hacerlo más valioso:

> 1. Sí, quieren personas que trabajen duro, pero eso es normal en cualquier lugar de trabajo. Puede que usted trabaje duro, pero ayuda a otros a trabajar de manera más inteligente, y no más. Los ayuda a hacer mejor su trabajo, y esto hace que su trabajo sea mucho más fácil.
>
> 2. Cualquiera puede comunicarse bien. Esto no solo significa hablar bien, sino que también incluye escuchar. ¿Siempre escucha cosas que otras personas no escuchan? ¿Puede usted entender cómo hacer las cosas rápido? ¿Entiende lo que la gente intenta decirle con el lenguaje corporal y otras pistas?
>
> 3. Cada trabajo espera que sepa trabajar en equipo. ¿Qué significa trabajar en equipo? ¿Significa que tiene que llevarse bien con todos? Esto no es difícil de hacer si usted es amable. ¿Qué hay de liderar un equipo? Esto se espera nuevamente. ¿Qué ha logrado que va más allá de la descripción de su trabajo que ayudó al equipo a cumplir ese plazo imposible, y qué hizo para salvar a su equipo del desastre?

- ¿Cómo se enteró de la oferta de trabajo?

Ferias de empleo, listados en línea, publicaciones generales, bolsas de trabajo: la mayoría de las personas encuentran su trabajo de esta manera, por lo que no es una respuesta incorrecta. Una persona que encuentra continuamente cada trabajo en publicaciones generales simplemente no ha descubierto lo que quiere hacer. Solo buscan cualquier trabajo que puedan encontrar.

No explique cómo se enteró del trabajo, muéstreles que se enteró porque siguió a la empresa, lo escuchó de uno de sus empleados actuales o de un colega. Muéstreles que sabía sobre el trabajo porque quería trabajar allí.

Las empresas no quieren contratar a alguien que solo quiera un trabajo, quieren contratar a alguien que quiera trabajar en su empresa.

- ¿Cuando puede empezar?

Debe tener cuidado con la forma en que responde esta pregunta por muchas razones:

Esto no significa que haya obtenido el trabajo. Es posible que quieran saberlo para ponerlo en sus notas. Debe mantener la guardia alta hasta que termine la entrevista y se vaya.

Si todavía está empleado en otra compañía, debe ser honesto acerca de la fecha de inicio y mostrar algo de profesionalismo. Debe decirles que tiene que hablar con su compañía actual y ver si requieren un aviso específico antes de dejar el trabajo. Si tiene un papel crucial en la empresa, su nuevo empleador también esperará un período de transición.

Si puede comenzar de inmediato, por todos los medios, dígales mañana. Tener una sensación de urgencia y entusiasmo por comenzar a trabajar para una nueva empresa es una gran cosa.

- ¿Por qué quiere este trabajo en particular?

Esta respuesta debe ser sincera, y su instinto le dará la respuesta. Si su respuesta tiene que ver con beneficios, horario de trabajo, ubicación, dinero u otros factores que no tienen nada que ver con el trabajo, es posible que desee pensar un poco más. Estas razones no son relevantes para el entrevistador.

Necesita profundizar en esta respuesta. No solo hablemos de por qué la compañía será excelente para trabajar. Hábleles acerca de cómo la posición será perfecta para lo que desea lograr a largo y corto plazo.

Quieren escuchar que este es el trabajo de sus sueños. Este trabajo es su próximo paso hacia su carrera deseada.

Prepárese para una pregunta de seguimiento: ¿Cómo es eso?

Debe responder esto honestamente y decirles exactamente cómo este trabajo satisface sus necesidades profesionales y cómo puede contribuir a su mayor capacidad mientras está en la empresa. A la gente le gusta sentir que su trabajo significa algo. No hay nada malo en compartir sus sentimientos cuidadosamente.

Si no puede entender por qué la posición se ajustará perfectamente, debe buscar en otro lado. La vida es demasiado corta.

- ¿Cuénteme sobre el trabajo de sus sueños?

Hay tres palabras que debe usar para responder esta pregunta: relevancia, relevancia, relevancia.

Esto no significa que tenga que inventar una respuesta. Debería poder aprender algo de cada trabajo que tenga. Intente trabajar hacia atrás, encuentre cosas sobre el puesto que lo ayudarán si algún día encontrara el trabajo de sus sueños. Dígales cómo estas cosas son relevantes para lo que quiere hacer algún día.

No se preocupe por admitir que algún día podrá seguir adelante, ya sea para unirse a una empresa diferente o comenzar su propio negocio. Los empleadores no esperan que nadie trabaje para ellos para siempre.

- ¿Por qué abandonaría su trabajo actual?

Esta pregunta podría ser un factor decisivo.

Comencemos con cosas que no debes decir. NUNCA hable de lo difícil que es su jefe. NUNCA hable acerca de no llevarse bien con los demás. NUNCA hable mal de la empresa. NUNCA mencione que su rol o compensación está por debajo de sus estándares.

Puede haber razones legítimas para dejar un trabajo:

1. Es posible que el empleador actual no pueda brindarle ningún crecimiento profesional.

2. El empleador o departamento actual puede ser inestable.

Encuentre una razón por la cual el entrevistador tenga que estar preocupado.

Trate de concentrarse en todas las cosas positivas que traería un cambio de empleadores. Cuénteles sobre lo que te gustaría lograr. Dígales lo que desea aprender. Cuénteles cómo quiere crecer y las cosas que desea lograr. Dígale cómo un cambio será excelente para usted y la empresa.

Si tiene un problema que le preocupa que pudiera ser un factor decisivo, por supuesto, menciónelo. Prepárese para que lo tomen de una forma u otra. Es posible que solo desee trabajar para una empresa que compra a proveedores dentro de una empresa específica. El entrevistador le dirá si su compañía hace esto. Si no, la entrevista probablemente habrá terminado.

Cuando tiene quejas de su empleador actual, está corriendo chismes. Si habla mal de un empleador, lo hará con otro.

- ¿Qué ambiente de trabajo funciona mejor para usted?

Puede que le guste trabajar solo, pero si está siendo entrevistado para un trabajo en un centro de llamadas, usar esta respuesta estaría mal.

Tómese un tiempo y piense en el trabajo para el que está siendo entrevistado junto con la cultura de la empresa. Si le gusta un horario flexible, pero la compañía no tiene uno, enfóquese en otro lugar. Si desea tener apoyo y dirección, pero la empresa quiere que sus empleados puedan auto gestionarse, busque otro lugar.

Trate de encontrar formas en que la empresa trabaje para usted. Si no puede encontrarlos, no acepte el trabajo. Será infeliz todos los días.

- ¿Por qué dejó su último trabajo?

Este es un poco duro. No debe dejar un trabajo hasta que tenga otro. Sin embargo, la vida no siempre funciona de esta manera. ¿Se fue porque no tuvo el tiempo suficiente para buscar su próximo trabajo? ¿O porque la empresa para la que trabajaba estaba cerrando y decidió no perder el tiempo esperando a que cerraran las puertas?

Muchas razones se consideran una necesidad:

1. Condiciones de trabajo duras

2. Tuvo que mudarse a una nueva ubicación por cualquier razón

3. Salud o razones familiares

La única forma de responder a esta pregunta es mantener la respuesta breve. Nunca intente expandir su respuesta o incluir detalles.

- ¿Cuál fue la decisión más difícil que tuvo que tomar en los últimos seis meses?

El objetivo de esta pregunta es ver qué tan bien son las habilidades de razonamiento, la disposición a asumir riesgos, el juicio y las habilidades para resolver problemas de la persona.

No tener una respuesta sería una señal de advertencia para un posible empleador. Todos toman decisiones difíciles, sin importar su posición.

Una buena respuesta demostraría que puede hacer un razonamiento difícil basado en una decisión analítica. Por ejemplo, ¿estaría dispuesto a analizar una gran cantidad de datos para encontrar la mejor solución para el problema?

Una gran respuesta demostraría que puede tomar decisiones interpersonales difíciles o decisiones basadas en datos duros que pueden incluir ramificaciones y consideraciones interpersonales. Es útil poder tomar decisiones basadas en datos, ya que casi todas las decisiones tendrán un impacto en la mayoría de las personas. Los mejores candidatos sopesarán todos los lados de un problema, no solo el lado humano o comercial.

- ¿Por qué lo despidieron?

Esta es una zona peligrosa. Este no es el momento para defenderse con una historia triste sobre ser una víctima.

Si cometió un error, debe minimizar la gravedad de la situación. Algunos podrían describir discutir con un jefe como una diferencia de opinión. Si su brújula moral le dice que no siga las órdenes, esto podría considerarse como "tomar el camino".

NUNCA culpe a otras personas. Piense en encontrar un lado positivo. ¿Aprendió de la experiencia y ahora tiene algún conocimiento que disminuirá las posibilidades de que vuelva a suceder?

Ser dado de baja no es lo mismo que ser despedido. Si usted era parte de una gran empresa dada de baja, esto es completamente diferente de ser despedido. Fue una decisión financiera tomada por la gerencia, ya que usted estaba en el grupo que era parte de los recortes presupuestarios. Los despidos no suelen ser personales, son solo negocios. Las personas que contratan como personal lo saben y han estado involucrados en uno en algún momento de sus vidas.

- ¿Tiene usted un estilo de liderazgo?

Esta es una pregunta bastante difícil de responder sin usar un montón de clichés antiguos. Intente compartir ejemplos de liderazgo como, "La mejor manera de responder eso es darle algunos ejemplos de desafíos de liderazgo que he enfrentado", luego comparta algunas situaciones en las que maneja el problema, trabaja en una crisis o motiva a un equipo. Dígales lo que hizo, y esto le dará al gerente de contratación una idea de cómo liderará. También le permite resaltar algunos de sus éxitos.

- ¿Puede usted explicar esta brecha en el empleo?

Lo principal que debe hacer aquí es asegurarse de darles una imagen de usted haciendo constantemente algo constructivo, ayudando a la familia, mejorándose a sí mismo o siendo productivo.

Los entrevistadores no quieren escuchar que usted necesitaba un descanso de su vida agitada o que necesitaba recargarse. Lo primero que aparecerá en sus mentes es: ¿Cuándo necesitará otro descanso? ¿Será en medio de ese gran proyecto que tenemos por venir?

- ¿Alguna vez estuvo en desacuerdo con la decisión de un gerente? ¿Cómo lo manejó?

Nadie estará de acuerdo con todas las decisiones. Tener desacuerdos está bien, lo que importa sobre el conflicto es lo que hace. Todos conocemos a alguien a quien le encanta tener una reunión después de la reunión en la que ha apoyado una decisión, pero luego trata de socavarla después de que se tomó la decisión.

Demuéstrele al entrevistador que usted es un profesional. Demuéstrele que expresó sus preocupaciones de manera productiva. Si puede darles un ejemplo que demuestre que puede crear un cambio, maravilloso. Si no, demuestre que respalda las decisiones, incluso si cree que están equivocadas, siempre y cuando no sea inmoral o poco ético.

Cada compañía quiere que sus empleados sean francos y honestos, que compartan sus preocupaciones y problemas, pero que respalden las decisiones y apoyen a la compañía tal como acordaron, aunque no lo hicieron.

- ¿Cómo lo describirían las demás personas?

Esta es una pregunta horrible, pero algunos entrevistadores pueden hacerla. Aquí hay una buena respuesta: "Creo que la gente diría que lo que ve es lo que obtiene. Si digo que voy a hacer algo, lo haré. Si le digo que voy a ayudar, lo ayudaré. No estoy seguro de que todos gusten de mí, pero todos saben que pueden contar con lo que digo y con cuánto trabajo".

- ¿Cuál fue su salario en su último trabajo?

Este es otro difícil. Debe ser honesto y abierto, pero algunas compañías harán esta pregunta para comenzar las negociaciones salariales.

Use un enfoque que elude el problema real pero que aún les dé una respuesta. Cuando pregunten, respondan: "Me estoy centrando en trabajos en el rango de 50K$. ¿Esta posición paga dentro de ese rango? "Ya debería saber esto, pero es una excelente manera de desviar la pregunta.

El entrevistador puede preguntar o no. Si lo presionan para obtener una respuesta definitiva, deberá decidir por usted mismo si quiere o no compartir. Su respuesta no va a importar mucho ya que aceptará el salario ofrecido o no. Todo depende de lo que crea usted que es justo.

- ¿Qué lo veremos hacer en sus primeros tres meses con nosotros?

Esta respuesta debe provenir del empleador. Deben tener expectativas y planes establecidos para usted.

Si se le solicita, puede usar lo siguiente como guía:

> 1. Hará la diferencia al brindar trabajo en equipo, un sentido de compromiso, enfoque y entusiasmo a otros empleados y clientes.

> 2. Trabajará duro para descubrir cómo su trabajo genera valor. No solo se mantendrá ocupado, se mantendrá ocupado haciendo las cosas correctas.

> 3. Se mantendrá enfocado en hacer las cosas que mejor hace. Será contratado ya que trae habilidades específicas y usa estas habilidades para hacer que las cosas sucedan.

4. Aprenderá a ayudar a todos los que lo rodean: vendedores, proveedores, clientes, pares, empleados y el jefe.

Ahora todo lo que tiene que hacer es poner todos los detalles que se aplican al trabajo y a usted.

- Hay un caracol dentro de un pozo de 30 pies. Todos los días puede subir tres pies, pero cada noche se desliza hacia abajo dos. ¿Cuánto tiempo le llevará salir del pozo?

Este tipo de pregunta se ha hecho popular gracias a Google. La persona que realiza la entrevista no está buscando la respuesta correcta, sino ver qué tan bien puede razonar.

Lo mejor que puedes hacer si usted no es un genio de las matemáticas es hablar del problema en voz alta mientras intentas resolverlo. Nunca tenga miedo de reírse de sí mismo si se equivoca. A veces están tratando de evaluar qué tan bien maneja el fracaso.

- ¿Qué hace cuando no está en el trabajo?

La mayoría de las compañías sienten que un ajuste cultural es esencial para su compañía. Toman a sus empleados fuera de los intereses como una forma de averiguar si encajarán bien con el equipo que ya han establecido.

Nunca se deje tentar a mentir y decirles que le gusta hacer cosas que en realidad no le gustan. Concéntrese en pasatiempos o actividades que muestren crecimiento, como metas para las que está trabajando o habilidades que está aprendiendo. Ponga estos en sus detalles. Aquí hay un ejemplo: "Estoy criando una familia, así que la mayor parte de mi tiempo está enfocado en ellos, pero estoy usando mi tiempo de viaje para aprender español".

- ¿Tiene usted alguna pregunta para mí?

Necesitas tener preguntas. Este es su momento para entrevistar al entrevistador. Este es su momento para aprender más sobre la compañía, su estilo de liderazgo, su cultura corporativa, su rol y muchas otras cosas que se le ocurran.

Las personas que estén realmente interesadas en la empresa harán estas preguntas. Las personas que no hacen preguntas muestran que no están realmente interesados, sino que simplemente intentan poner al entrevistador en su posición para que vea cómo se "siente".

Debe saber que la entrevista no ha terminado solo porque el entrevistador hizo esta pregunta. Los buenos candidatos usan esto como un momento para brillar.

Debe hacer preguntas que hagan estas cosas:

1. Demuestre que ha realizado su investigación sobre la empresa.

2. Eso provocará una discusión o tendrá respuestas interesantes.

3. Menciona algo más que es interesante y relacionado con usted.

Finalizar la entrevista

Es posible que no tenga la oportunidad de abordar las deficiencias en una entrevista para hacer un seguimiento. Usted tiene que entender lo que falta en la entrevista mientras todavía está en el medio de la entrevista.

Una vez que haya hecho sus preguntas, desea confirmar que es el candidato perfecto para el trabajo. Para que pueda hacer esto, debe sondear la mente del entrevistador y ver si todavía tiene inquietudes sobre usted.

Una última pregunta para hacerle al entrevistador es: "Después de discutir este trabajo, siento que sería perfecto para el trabajo. Tengo curiosidad por saber si hay algo que dije o NO dije que le haría creer lo contrario".

Cualquier respuesta que obtenga a esta pregunta podría abrir la puerta a algo de lo que no pudo hablar durante la entrevista o para aclarar cualquier idea errónea sobre algo que se dijo.

Lista de comprobación de la entrevista de trabajo

La mejor manera de asegurarse de tener la confianza en su entrevista es estar preparado. Esto asegurará que cause una sorprendente primera impresión y le ayudará a calmar sus nervios. La próxima vez que tenga una entrevista, marque cada uno de los siguientes pasos mientras se prepara. No tiene que hacer estas cosas en el orden en que aparecen:

• *Prepare su ropa*

Como sabe, cómo se vista para una entrevista le dice mucho a su posible empleador. El atuendo adecuado les hará saber que usted comprende la empresa y su entorno. Esto demuestra que los respeta.

• *Estudie el anuncio de trabajo*

Lea el anuncio y la descripción del trabajo para descubrir exactamente lo que el empleador está buscando. Luego, cree una lista de sus cualidades, habilidades y conocimientos personales y profesionales que se ajusten a lo que desean. Asegúrese de estar listo para describir sus atributos que les demuestren que es el candidato perfecto.

• *Investigue a la empresa*

Esto debería encajar en el último paso. Aprenda todo lo que pueda sobre la empresa. Esto también lo ayudará a aprender cómo debe vestirse para la entrevista. Revise el sitio web, las redes sociales y los perfiles de LinkedIn de empleados anteriores y actuales. Si puede, hable con algunas personas que han trabajado para ellos. También ayuda a obtener noticias de Google News para ver si ha habido alguna opinión negativa o positiva para ellos recientemente.

• Contactos de la compañía de contacto

Para ayudar a aumentar sus posibilidades de ser contratado, obtenga una referencia de una conexión dentro de la empresa. Tener contactos que trabajen para la compañía, o que hayan trabajado para la compañía y se hayan ido en buenos términos, puede proporcionarle una pista interna para ser contratado. A los posibles empleadores les gusta entrevistar a las personas que vienen recomendadas. El contacto también puede hacerle saber más sobre cómo funciona el proceso de contratación de la empresa.

• *Revise su currículo*

Si le han pedido una entrevista, entonces les gusta lo que vieron en su currículo. Le preguntarán sobre ciertas cosas, así que asegúrese de estar familiarizado con lo que dice su currículo. Si tiene una entrevista telefónica, puede tener el currículo delante de usted, pero aún así no debe leerlo directamente.

• *Presente logros de los que pueda hablar*

A los gerentes de contratación les encanta escuchar estas cosas. Estas cosas deben estar en su currículo, pero de cualquier manera, asegúrese de tener algunos hechos e historias que pueda compartir durante la entrevista.

• *Averigüe quién es el entrevistador.*

Si es posible, investigue a algunas de las personas con las que tendrá que hablar. Esto lo ayudará a saber cómo prepararse y decir las cosas correctas para impresionarlos.

- *Practique sus preguntas de entrevista.*

Tómese un tiempo para revisar algunas de las preguntas de entrevista más comunes. Esto le dará la oportunidad de formular sus preguntas antes de que lo sorprendan en la entrevista. Esto ayudará a reducir su estrés. Involucre a un familiar o amigo.

- *Esté preparado para preguntas sobre cambios de trabajo anteriores.*

El entrevistador probablemente le preguntará por qué dejó su último trabajo o por qué hay una brecha en su empleo. Asegúrese de estar listo para responder estas preguntas. Estas cosas no son malas, pero lo que es malo es si no puedes explicar el por qué.

- *Practique su técnica*

Lo que diga y cómo actúe durante una entrevista lo ayudará o lo dificultará. Mientras practica sus respuestas, practique cómo se sienta, use sus manos y su contacto visual.

- *Trabaje en su protocolo*

¿Está bien llevar una taza de café o su teléfono celular? ¿Cómo debe ser saludado el entrevistador? ¿Qué necesita traer? Asegúrese de repasar el mejor protocolo de entrevista para que no lo agarre desprevenido.

- Organice el transporte y obtenga indicaciones.

Usted tiene que saber a dónde se supone que debe ir para su entrevista. Asegúrese de saber exactamente a dónde ir y cuánto tiempo le llevará para que no llegue tarde o esté nervioso. Eche un vistazo a la situación del estacionamiento o el transporte público. También puede intentar una prueba el día anterior para asegurarse de que sus instrucciones sean correctas.

- *Tenga las cosas necesarias con usted*

Debe asegurarse de saber qué llevar con usted. Es posible que necesite copias adicionales de su currículo, lista de referencias, un portafolio y preguntas que pueda tener para ellos. Asegúrese de tener todo listo para funcionar. Guárdelos la noche anterior para que no los olvide.

- Envié un agradecimiento rápido

Después de haber tenido su entrevista, tómese el tiempo para enviarle al entrevistador una nota de agradecimiento. Esto ayuda a reforzar el hecho de que está interesado en el trabajo. Este también es un buen momento para abordar cualquier inquietud o problema que pueda surgir durante la entrevista.

Conclusión

Gracias por llegar hasta el final de la entrevista de trabajo: ¿Pueden estos errores costarle el trabajo? Debería haber sido informativo y haberle proporcionado todas las herramientas que necesitará para alcanzar sus objetivos, sean los que sean.

Sí, las entrevistas de trabajo son locas y estresantes, pero con un buen trabajo de preparación, usted puede demostrar que vale el tiempo y el dinero de una empresa. La próxima vez que tenga una entrevista en línea, revise la lista de comprobación para asegurarse de estar preparado. La entrevista es lo único que se interpone entre usted y el trabajo de sus sueños, así que no permita que pequeños errores le impidan perseguir sus sueños. Siga todo lo que ha aprendido y consiga el trabajo que desee.

Finalmente, si encuentra que este libro le ha sido útil de alguna manera, ¡siempre apreciaremos su reseña en Amazon!

www.ingramcontent.com/pod-product-compliance
Lightning Source LLC
Chambersburg PA
CBHW030123100526
44591CB00009B/509